Vera Hewener

In der Saar tanzen die Schwäne

Gedichte, Geschichten & Szenen

AF206190

Edition Calamus

Über das Buch

Vera Heweners Stadtgedichte, Geschichten und Szenen über die saarländische Landeshauptstadt Saarbrücken sind wie ein Kaleidoskop aus bunten, vielschichtigen und lebendigen Stadtbildern. Es ist ein Buch für alle, die Saarbrücken aus verschiedenen Perspektiven erleben möchten: als Betrachter, Zuschauer, Bewohner oder als Reisender. Den Leser erwarten sowohl ein „Farbenfeuerwerk der Verse" (SZ, 01.04.2006) mit „Sinn für feine Ironie und versöhnlichen Humor" (SZ, 12.04.2002) als auch „lyrischer Glanz", „ausgereifte Sprachkunst" und „literarisch-satirische Gipfelpunkte (Riegelsberger Wochenpost, 28.06.19). Hauptakteure sind die Saar, die Innenstadt, der Deutsch-Französische Garten, das Saarbrücker Schloss, das Saarbrücker Rathaus, der Saarbrücker Urwald und die Spuren des Nationalsozialismus.

Vera Heweners Art zu sehen und zu hören ist komprimiert, komplex und doch einfach in der Sprache. „Zart sind die Eindrücke, die ihre Gedichte hinterlassen, fast glaubt man, sie säßen nur flüchtig auf den Seiten, wollten sich, uneingezwängt, einfach davonmachen." (SZ, 19.08.2005) Die Erzählungen sind „einfühlsam geschriebene Geschichten, mal heiter und komisch, mal reflektierend und nachdenklich." (DieWoch, 10.11.2018) Anders hingegen sind die Dialoge. Die kurzen Szenen öffnen den Blick für politisches Denken, satirisch, surreal und humoristisch. „Dabei blickte die Autorin, die von der Kritik bereits in jungen Jahren mit Tucholsky verglichen wurde, nun Wilhelm Busch sei Dank, sowohl mit satirischem als auch mit humoristischem Blick auf die Szenerie. Besonders die Dialoge der Oberbürgermeisterin mit ihrer Pressesprecherin quellen satirisch über, zeugen von hoher Sachkenntnis und riefen ständiges Gelächter im Publikum hervor." (Heusweiler Wochenpost, 26.06.2019)

Pressesplitter

„Sie liest verdammt gut, artikuliert ausgezeichnet... und man muss dabei ein bisschen an Tucholsky denken." SZ, 08.05.1997 „Heweners Sprache ist Rhythmus und Malerei." SZ, 07.11.2001 „Anmutige, unverbrauchte Bilder." SZ 07.06.17 „Offensichtlich steckt auch ein Schalk in Hewener, einer, der mit heiterer Leichtigkeit Reime und Silben sammelt, bündelt und wieder streut." SZ, 07.12.2017 „Is a well-known author, some of his books are a fascination for readers like in the Zaubervolle Winterwelt: Gedichte, Geschichten, Notizen book, this is one of the most wanted Vera Hewener author readers around the world." www.booktopia.live abgerufen 28.11.2019

Vera Hewener

In der Saar tanzen die Schwäne

Gedichte, Geschichten & Szenen

Edition Calamus

Die Deutsche Bibliothek verzeichnet diese Publikation in der Deutschen Nationalbibliografie; detaillierte bibliografische Daten sind im Internet unter www.http://dnb.dnb.de abrufbar.

Titelbild: Acrylgemälde 2020 © Martina Steinhauer
Mit freundlicher Abdruckerlaubnis von Martina Steinhauer
Martina Steinhauer, geb. 1965 in Saarbrücken-Altenkessel, wurde von der Expressionistin Christiane Middendorf und der Malerin, Kunstdo-zentin und Kunsttherapeutin Eva Müller unterrichtet.

© 2020 Hewener, Vera
Herstellung und Verlag: BoD – Books on Demand, Norderstedt
ISBN: 9783751921060

Printed in Germany
1. Auflage 2020
9,90 €

Inhalt

In der Saar tanzen die Schwäne

Saarbrücken

Saarbrücken, weiße Stadt bist du,
das Licht blinzelt dir zu, ich seh'
die Schifffahrten, den Schlossgarten,
wo immer du aufblühst, folg ich der Allee.

Wir beide lieben dieses Licht,
mal zärtlich und mal wild, mal schlicht.
Wir fahren auf der Saar,
der Himmel brennt,
die Luft weht transparent,
kein Sonnenstrahl uns trennt,
Saarbrücken und mich.

Schwanentanz

Der Wellengang verschiebt den Fluss der Saar,
und alles Glitzern leuchtet in den Rillen.
Der weiße Rauch steigt auf aus alten Villen
wie Festlichkeits-Standarten. Ein Schwanenpaar

im Anflug, die Schwimmhaut ihrer Füße zwar
gespreizt zum Wasserlauf, durchbricht mit Willen
die nasse Oberfläche, landet mit schrillen
und spitzen Tönen flügelschlagend, den Talar

aus Federn aufgeplustert dank des Schwingens.
Beim Schlingen ihrer Hälse im Wasserglanz
verlieben beide sich aufs Neu, so ganz

vergessen aller Augen, die rings umher
das Liebesritual bestaunen, gar sehr
beeindruckt von der Dauer dieses Ringens.

Stadt am Fluss

Die Autobahn am tiefen Fluss
inmitten dieser Stadt,
schlägt ihre Brücken ringsumher,
darunter dröhnt Motorenheer
aufheulend durch die Stadt.

Und hat der Tag das Licht erkannt,
glitzert der Fluss im Lauf.
Die Schwäne landen auf der Saar
und Stockenten, die Taubenschar
am Saarkran wohnt dichtauf.

Und kriecht die Kälte übern Markt,
Bürger und Gast verharren
in Kneipen, Gaststätten, Lokalen,
vertreiben Regen, Wetterqualen
und reden manchen Schmarren.

Und doch zieht mich die weiße Stadt
stets wieder in den Bann:
die Lebenslust, der Schwanentanz,
die unbeschwerte Eleganz
treiben das Lächeln an.

Aber das Licht

glüht,
verdunstet die Oberschicht
der Meere,
unaufhaltsam
bilden sich Wolken,
tiefblauschwarz.

Himmelspeitschen
treiben sie an,
verwirbeln sie
landeinwärts.

Windhosen kreisen,
reißen Festgefügtes
aus der Verankerung
städtischer Zeit.

Saarbrücker Mittag

Auf den Bänken ausgebreitet,
aufgegessen das Brot
des Mittags.

Über die Treppen
in die Saar gerollt,
Packpapier
der Stehlen.

Schokoladeneisbecher sterben
auf den Stämmen
wie Fliegen im Staub,
unter stockendem Verkehr
der Wilhelm-Heinrich-Brücke.

Unter Planen deutet
das Versicherungsgebäude
Stillstand an

wie die roten Augen
der Ampelübergänge.

Unten am Ufer
rascheln Linden
vergangene Melodien.

Windfall

Aus der Saar
wächst der Wind,
der auf uns niederfällt.

Manchmal fallen wir hin,
versuchen aufzustehn
in der Schieflage,
die gerade Linie suchend.

Was aber bewegt den Sturm,
der alles niederreißt
in der Hitze des Gefechts?

Im Krieg der Meere
treiben Haifische
Schwärme vor sich her
wie Herbstlaub.

Oh, lächle mit den Blättern,
müder Herzschlag!
Die Stunden
sind gezählt.

Fastenzeit

Oberbürgermeisterin: „Die Weberin soll reinkommen."

Frau Weber: „Guten Morgen, Frau Oberbürgermeisterin."

Oberbürgermeisterin: „Guten Morgen Weberin. Sagen Sie mal, wieso ist denn der Krankenstand so hoch?"

Frau Weber: „Es ist Fastenzeit. Die einen Kollegen haben zuerst mit dem Arbeitsfasten angefangen, die anderen mit dem Autoimmunfasten."

Oberbürgermeisterin: „Was ist denn das, Arbeitsfasten, Autoimmunfasten. Die Fastenzeit dient doch der inneren Reinigung."

Frau Weber: „Die innere Reinigung folgt der äußeren Reinigung."

Oberbürgermeisterin: „Äußere Reinigung, wie meinen Sie denn das?"

Frau Weber: „Die Belegschaft hat sich schmutzig gemacht."

Oberbürgermeisterin: „Was heißt hier schmutzig gemacht. Sind die etwa alle in den Matsch gefallen?"

Frau Weber: „Nicht alle."

Oberbürgermeisterin: „Was heißt, nicht alle. Weberin, lassen Sie sich doch nicht alles aus der Nase ziehen."

Weberin: „Einige sind beim Angeln in den Matsch gefallen."

Oberbürgermeisterin: „Beim Angeln?

Frau Weber: „Ja, beim Angeln. Das war so. Ich sollte doch das Heringsessen organisieren. Um zu sparen haben die Kollegen sich bereit erklärt, ehrenamtlich die Fische aus der Saar selbst zu angeln."

Oberbürgermeisterin: „Was, die Heringe stammen aus der Saar? Wollten Sie mich vergiften? Haben Sie deshalb die Dienstreise nach Berlin organisiert."

Frau Weber: „Vergiften? Die Saar wird doch ständig durch die ganzen Staustufen mit Sauerstoff angereichert, gewissermaßen renaturiert. Die Kläranlagen fließen nicht mehr direkt in die Saar, die haben wir doch extra in die Nebenflüsse umgeleitet."

Oberbürgermeisterin: „Fische aus der Saar sind kein Genuss, Weberin, da wären Sie besser zur Meeresfischzuchtanlage nach Völklingen gefahren."

Frau Weber: „Deshalb haben wir auch ein Probeessen veranstaltet."

Oberbürgermeisterin: „Ein Probeessen. Weshalb weiß ich davon nichts."

Frau Weber: „Mit solchen Kleinigkeiten müssen Sie sich nicht belasten. Sie sind nur für die großen Taten verantwortlich. Jedenfalls sind einige am Staden ausgerutscht und in den Böschungsmatsch gefallen. Dem folgte die äußere Reinigung."

Oberbürgermeisterin: „Schön und gut. Was hat das mit dem Arbeitsfasten zu tun?"

Frau Weber: „Ja die angefallenen Überstunden des Angelns und der äußeren Reinigung sollten in der

Fastenzeit abgehungert, also abgefastet werden, Arbeitsfasten für den Haushalt, sozusagen."

Oberbürgermeisterin: „Sind Sie noch zu retten? Dafür ist gefälligst Urlaub zu nehmen."

Frau Weber: „Für ehrenamtliche Tätigkeiten sehen die Richtlinien zur Förderung des Ehrenamtes aber eine Arbeitsfreistellung vor."

Oberbürgermeisterin: „Wer in Gottes Namen ist auf die hirnverbrannte Idee gekommen, das Ehrenamt mit Arbeitsfreistellungen zu fördern?"

Frau Weber: „Sie, Frau Oberbürgermeisterin. Das Zugeständnis der letzten Landtagswahl.

Oberbürgermeisterin: „Seit wann erfüllen wir Wahlversprechen?"

Frau Weber: „Seit der Festanstellung der Feuerwehrleute."

Oberbürgermeisterin: „Was hat denn das um Himmels willen mit dem Heringsessen zu tun?"

Frau Weber: „Ja also, nach dem nicht genügend Fische geangelt werden konnten, haben wir die in Sahne eingelegten Heringe aus dem Supermarkt gekauft."

Oberbürgermeisterin: „Das darf doch alles nicht wahr sein. Wir haben also weder gespart noch umweltfreundlich gehaushaltet?"

Frau Weber: „Leider waren wir zu spät und konnten nur noch die kleinen Portionen kaufen."

Oberbürgermeisterin: „Was, Sie haben hunderte Plastikverpackungen eingekauft?"

Frau Weber: „Es blieb uns nicht anderes übrig. Als die nachträglich verfeinerten Sahneheringe der Fertigpackungen serviert und von den Kollegen verspeist wurden, sind alle nacheinander krank geworden."

Oberbürgermeisterin: „Krank geworden?"

Frau Weber: „Leider hat die Lebensmittelkontrolle nicht funktioniert. Die Zuliefererbetriebe konnten mangels Personals nicht alle kontrolliert werden. Der Regionalverband hätte sonst die Umlage erhöhen müssen."

Oberbürgermeisterin: „Das darf doch alles nicht wahr sein."

Frau Weber: „Die Sahne war verdorben. Unsere festangestellte Feuerwehr ist eingesprungen und hat die erkrankten Kollegen auf den Winterberg gebracht."

Oberbürgermeisterin: „Dann sind wir also längere Zeit unterbesetzt. Und das alles nur wegen der Bräuche des christlichen Osterfestkreises. Und wie sollen wir das der Öffentlichkeit erklären?"

Frau Weber: „Als Arbeitnehmerfasten, sozusagen. Als Opfergabe der Landeshauptstadt. Bei so viel christlicher Nächstenliebe ist der Sohn Gottes wenigstens nicht umsonst gestorben."

Hochwasser

Fluss im Wind,
der Pegelstand, hochgeschaukelt,
wittert Warnungen.

Grillboote schwanken,
verlieren Saarbrücker Kohle,
Fische schnappen nach Frischluft.

Aufgereiht schwadronieren Wasservögel,
Spalier aus Federwolken,
im Schlamm badet die Autobahn.

Landgang

Tags im Licht
die Schwellen der Ufer,
die Wellen der Fahrrinne.

Dauerregen flutet
den Fluss.

Die Saar im Rausch
des Landgangs
strömt kreuz und quer.

Die Autobahn ertrinkt
im Hochwasser
und der Verkehr.
Schwäne flüchten.

Lebenswasser

Fällt wildes Wasser über dich her,
fragst du dich, wogt so das Meer?
Treibst als Boot du auf einem See,
bläht deine Segel die nächste Bö.

Bist du nur Tropfen in einem Strom,
fließt in der Menge dein eignes Atom.
Trittst du im Regen in eine Pfütze,
fragst du dich, wozu der Wasserlass nütze.

Schwimmst du als Fischlein in einem Bach,
hält dich sein Lauf immerfort wach.
Ziehst du als Schwan eine Glitzerspur,
bilden die Kreise die Wasserstruktur.

Hörst du die Saar mit all ihren Stimmen,
lerne zu tauchen oder zu schwimmen.
Rege dich oder halte dich still:
du allein ahnst, was das Leben will.

Mittagslicht

Ich lese
in der Hand
des Mittags.

Am Winterberg
spiegelt die Sonne Rotorblätter
eines Helikopters im Tal.

In stiller Mission
wandeln Stadtgespenster
vom Schloss
über die Treppen
zum Fluss.

In den Fenstern
der Supermärkte
fällt Licht
aus dem Rahmen.

Der Kohlebrunnen
wurde abgeräumt.

Vor Eingängen

Am Kaufhauseingang lagern
Irokesenglatzen
und Piercing Gemusterte,
Stiefel besohlt,
Kampfhund bewacht.

Rauchfahnen
stehen im Wind.
Uniformierte
ziehen Kreise. -

Passanten trauen
ihren Augen kaum:
Bettlerbanden
suchen das Weite.

Umbesetzung

Mittags im Licht,
die Wellen in den Hecken,
der Dunst auf den Bänken,
den Schatten der Alleen.

Städtisches Theater
unter blauem Himmel.
Der Beifall in den Reihen,
neubesetzt und federleicht,
plätschert dahin
wie das Wasser der Saar.

Die Meistersänger von Saarbrücken

Oberbürgermeisterin: „Die Weberin soll reinkommen."

Frau Weber: „Guten Morgen, Frau Oberbürgermeisterin."

Oberbürgermeisterin: „Guten Morgen Weberin. Die Zeitung berichtet gar nichts über die Eröffnung des Saarspektakels. Nicht ein Bild von mir ist enthalten. Wie ist das möglich? Haben Sie vielleicht ein Kopfschmerzmittel dabei, Weberin?"

Frau Weber: „Geht es Ihnen nicht gut? Ist Ihnen die Schiffssause nicht bekommen?"

Oberbürgermeisterin: „Welche Schiffssause?"

Frau Weber: „Na. die von gestern."

Oberbürgermeisterin: „Wie, von gestern? Gestern habe ich das Saarspektakel eröffnet. Da gab es doch keine Schiffssause."

Frau Weber: „Das dachte ich mir schon, dass der Tag gestern sich nur zum Vergessen eignet."

Oberbürgermeisterin: „Was war denn gestern?"

Frau Weber: „Sie haben es also wirklich vergessen! Kein Wunder, beim vierten Grog sind sie über Bord gegangen."

Oberbürgermeisterin: „Wieso über Bord gegangen? Ich hab doch bloß das Grußwort gesprochen."

Frau Weber: „Sinnbildlich stand Ihnen das Wasser bis zum Hals."

Oberbürgermeisterin: „Weberin, reden Sie nicht in kryptischen Vergleichen. Ich erinnere mich, dass nach meinen wohl formulierten Grußworten die Bistalmöwen aufgetreten sind."

Frau Weber: „Und dann der Regionalverbandsdirektor und als Ehrengast Oskar Lafontaine."

Oberbürgermeisterin: „Weshalb hatten wir ihn eigentlich eingeladen?"

Frau Weber: „Die Linke wollte Ihren Antrag auf Bezuschussung des Projektes „Stadt am Fluss" unterstützen."

Oberbürgermeisterin: „Der Landeszuschuss wurde gar nicht genehmigt. Was hat Oskar von sich gegeben?"

Frau Weber: „Er sprach von der Physik des Wassers beim Bau einer unterirdischen Autobahn."

Oberbürgermeisterin: „Oh je! Hat da überhaupt jemand zugehört?"

Frau Weber: „Eben nicht, die Bistalmöwen haben ihm sozusagen ins Wort gesungen."

Oberbürgermeisterin: „Wie kommen die Sangesbrüder dazu, einen Ehrengast zu unterbrechen?"

Frau Weber: „Wir hatten ein Zeichen für ihren Einsatz vereinbart. Wenn Sie sich die Nase putzten, sollte der Chor ein Lied anstimmen. Ich konnte ja nicht wissen, dass Sie über Nacht einen Schnupfen bekommen hatten."

Oberbürgermeisterin: „Ach du liebe Zeit! Das wird Oskar mir nie verzeihen."

Frau Weber: „Sie waren ununterbrochen am Niesen. Nachdem die Bistalmöwen die Rede ständig unterbrochen hatten, habe ich sie auf einen Grog auf das Saarlandschiff eingeladen, um die Situation zu entschärfen und Oskar versöhnlich zu stimmen."

Oberbürgermeisterin: „Gut überlegt. Das war aber auch eine Schnapsidee, den Einsatz des Chores mit dem Niesen."

Frau Weber: „Schnaps war dann ja auch das letzte Wort."

Oberbürgermeisterin: „Wie meinen Sie das nun wieder?"

Frau Weber: „Sie kamen mit Lafontaine nach, die Presse im Gefolge. Der Chor fing wieder an zu singen. Als sie einen Grog nach dem anderen gekippt hatten, war die Versöhnung soweit fortgeschritten, dass Sie und Lafontaine kräftig mitsangen."

Oberbürgermeisterin: „Oh Gott, Weberin, hat uns jemand zugehört?"

Frau Weber: „Nur die Gäste und die Presse."

Oberbürgermeisterin: „Wie peinlich!"

Frau Weber: „Das wäre nicht so schlimm gewesen, wäre Ihnen nicht die Idee gekommen, ein Meistersingen zu veranstalten und mit Lafontaine um die Wette zu singen als die Meistersänger von Saarbrücken."

Oberbürgermeisterin: „Das wird ja immer schöner. Was haben wir denn gesungen?"

Frau Weber: „Als Schnapsdrossel sind Sie übrigens unschlagbar. Sie haben gezwitschert wie ein Vögelein. (*singt auf die Melodie La paloma*) Kohlekraft in die Höh, bald schon wird sie vorbei sein, nur Erinn'rung an Stunden des Bebens bleibt noch im Land zurück. Lafontaine sang daraufhin: (*singt auf die Melodie Seemann , lass das Träumen*) Lotte, lass das Träumen, bald ist alles aus, Lotte andre Kreise stürmen dein Rathaus. Das gipfelte schließlich darin, dass sie zum Schluss, als Sie sich textlich angenähert hatten, gemeinsam sangen, (*singt auf die Melodie Auf der Reeperbahn*) Auf der Reeperbahn in Sankt Johann, ob 'ne Frau du bist oder ein Mann, amüsierst du dich, denn das findet sich auf der Reeperbahn in Sankt Johann. Wer noch niemals in lauschiger Nacht, nackt im Brunnen gebadet dort hat, ist ein armer Wicht, denn er kennt dich nicht, mein Saarbrücken, Saarbrücken bei Nacht. Danach sind Sie dann umgefallen und haben im Schnaps gebadet."

Oberbürgermeisterin: „Das ist ja eine Katastrophe."

Frau Weber: „Das Wasser stand Ihnen sprichwörtlich bis zum Hals. Unglücklicherweise ist Lafontaine darauf ausgerutscht und auf sie drauf gefallen. Die Schlagzeile unter diesem Bild sollte lauten: Die Meistersänger von Saarbrücken. Charlotte und Oskar auf dem Höhepunkt ihrer Erwartungen. SPD und Linke wiedervereint."

Oberbürgermeisterin: „Wie haben Sie denn geschafft, dass dies nicht in der Zeitung erschienen ist?"

Frau Weber: „Ich habe der Zeitung angeboten, Sie bei den nächsten Stadtspaziergängen nicht mehr begleiten zu müssen. Da haben die sofort zugesagt."

Shipping for Future

Auf Kreuzfahrtschiffen
donnern die Diesel,
Schweröl getrieben.

Zehntausende
hängen in den Seilen,
vegan und
klimavergnügt.

Fische stottern
im sauerstoffarmen
Untergrund
sich das Plastik
aus den Kiemen.

Globetrotter bilden
sich weiter,
standesgemäß,
von Reise zu Reise,
fallen in Häfen ein,
in Flussstädte und Meerengen,

werfen ihren Müll
mit und ohne Verstand ins Wasser
und entsorgen die Zukunft
ihrer Kinder
bildungsgemäß.

Alternativen

Meer, Fangseil
der Welt,
wasserwerfend scharf,
voller Ungeheuer.

Du schäumst
vor Wut
über den Abfall
der Schiffe,

dir aber bewusst,
das dein Nass
nicht versiegen wird.

Wir jedoch
werden auf dem Sand
sitzen bleiben,
Flaschen rollend,
vollgestopft
mit den Überresten
der Zivilisation.

Klimaschutz

„Also", sprach die Partei-Chefin, „der Klimaschutz genießt in unserem Parteiprogramm höchste Priorität. Irgendwo auf der Welt wird Kobold abgebaut. Wo kommt das eigentlich her und wie kann das recycelt werden?"

In der Parteizentrale verdunkeln sich die Solarzellen.

„Wir haben es hier mit den Auswirkungen der Elektromobilität zu tun. Alternative Energie ist das erste Gebot des Klimaschutzes", sagte der Experte.

„Welcher Klimaschutz?" fragte ein kongolesisches Kind, „Klimaschutz durch erzwungene Kinderarbeit, die sich ungeschützt durch den Schlamm der Erdkruste wälzen müssen oder die Umweltverseuchung durch unsachgemäße Entsorgung der Lithiumbatterien?"

„Kinderarbeit ist also der neue Weg zur Einhaltung der Klimaziele in unserem kleinen Land?" fragte ein Ausschussmitglied.

„Kinderarbeit ist die Folge krimineller Energie in den Entwicklungsländern, nicht unserer Klimaziele", sagte der Experte.

„Und wie wird die Lithiumbatterie entsorgt?" fragte der Ausschussvorsitzende.

„Die Lithiumbatterie kann im Recyclinghof bei den Kommunen abgegeben werden", sprach der Experte.

„Steigen deshalb jedes Jahr die Abfallgebühren?" fragte das Ausschussmitglied.

„Die Gebühren steigen deshalb, weil die Bevölkerung die Batterien in den Hausmüll wirft und dadurch Brände entstehen", sagte der Experte.

„Das bedeutet, Elektromobilität trägt nicht zum Klimaschutz bei sondern verursacht einen erhöhten Ausstoß an Kohlendioxid durch Brandschäden und Umweltverseuchung?" fragte der Ausschussvorsitzende.

„Elektromobilität ist die saubere Alternative zum Verbrennungsmotor. Kobold hin, Kobold her", sagte die Partei-Chefin.

„Dann beantragt der Ausschuss, dass die Elektromobilität solange gestrichen wird, bis der Rohstoffabbau sozial verträglich geregelt ist und die Entsorgung umweltfreundlich erfolgen kann. Wer stimmt dafür?" fragte das Ausschussmitglied.

„Ich nehme zur Kenntnis, dass der Beschluss einstimmig ist", sagte die Partei-Chefin.

„Ich danke ihnen für die Kobold-Expertise. Der Klimaschutz wird somit aus dem Parteiprogramm gestrichen", sagte der Vorsitzende des Ausschusses.

„Und was mache ich jetzt mit meinem E-Scooter?" fragte die Partei-Chefin.

„Am besten machen wir eine Sammelaktion zugunsten kongolesischer Kinder", sagte das Ausschussmitglied.

Fieber

Das Publikum,
das seine Meinung
zwischen Vorfilm und Abspann
diskutiert.

Im Filmsaal
besprechen die Helden
die Veränderung der Lage.

Das kleine Schwarze
hält den Smoking im Arm,
im Crémant perlen
Versatzstücke der Kritiker.
Durst lässt sich nicht
mit Verdünntem löschen.

Das Lichtspieltheater
blendet den Streifen
aus Edelweiß ein.

Totgeküsst grüßt
die Bussi-Gesellschaft
wie einst die Bewunderer
Max Ophüls.

Tourismus

Vor dem Schlossbrunnen
unsichtbares Mahnmal.
Touristen überqueren es,
steigen unterirdisch
durch Gestapozellen.

Im alten Museum.
werden Petticoats ausgestellt,
das Wirtschaftswunder fährt
mit einer Ente davon.

Gelesene Bücher
in der ausgedienten Telefonzelle
werden ausgetauscht.

Unterhalb der Schlosskirche,
drehen Ordnungshüter
Kontrollrunden.
Strafzettel
schreien zum Himmel.

Sprachfindung

Auf dem Schlossplatz
Touristen und Migranten.

Kleine Überlieferung
der Fremdworte.
Kann man sich verständlich machen?
Fotolinsen und Handykameras
blinken rot.

Wer aus dem Bild geht,
verpasst die Übersetzung.
Der goldene Schnawwel
stürzt in die Saar.

Zur rechten Zeit

Wer durch die Tür geht,
schließt die Stunden
hinter sich ab.

Wege trennen sich,
andere laufen zusammen
oder brechen ein.

Die Zeit, dir zu eigen,
fügt sich neu.

Wer sagt höchste Zeit?
Plakate rufen zu neuen Stücken.
Der Schaukelstuhl
hat eigene Träume.

Sodom und Camorra

Matrose Hein Petermann liegt im Hamburger Hafen und will sich in Sankt Pauli amüsieren. Er will sein Stammlokal anrufen, wählt jedoch die Telefonnummer des Hotels Excelsior in Saarbrücken. Es meldet sich der Portier, der nicht gut deutsch versteht und spricht.

Hein Petermann: „Hallo, hier ist Hein Petermann, spreche ich mit der Bar?"

Giovanni Calabrese: „Buon giorno, hier Giovanni Calabrese am Apparat."

Hein Petermann: „Aha, ein Italiener, hat die Mafia übernommen?"

Giovanni Calabrese: „Mafia? Hier iste nichte Sizilia, hier iste Sarrbrucken."

Hein Petermann: „Sizilien, Sarrbrucken. Wie wäre es denn mit Sankt Pauli?"

Giovanni Calabrese: „Ich nix wissen Sankt Pauli."

Hein Petermann: „Sie kennen Sankt Pauli nicht?

Giovanni Calabrese: „Ich nur kennen Santo Paolo in Roma."

Hein Petermann: „Roma, auch nicht schlecht, wo ist denn das Roma."

Giovanni Calabrese: „Italia, Signore, nichte Sarrbrucken."

Hein Petermann: „Sie sind wohl der Klabautermann."

Giovanni Calabrese: „Ich nixe Klabautermann. Hier iste Giovanni Calabrese, Hotel Excelsior."

Hein Petermann: „Ach, das rote Haus heißt jetzt Excelsior. Da hat der Besitzer also doch gewechselt. Kein Wunder bei der Mafia."

Giovanni Calabrese: „Mafia? Camorra? Wir kein Schutzgeld zahlen, Sie Verbrecher?"

Hein Petermann: „Sie sollen auch nicht zahlen, ich will doch zahlen."

Giovanni Calabrese: „Wie, Sie zahlen Schutzgeld für Hotel?"

Hein Petermann: „Ich möchte doch bloß eine Nacht mit Maria buchen."

Giovanni Calabrese: „Santa Maria? Iste nichte hier, iste in Roma."

Hein Petermann: „Was ist denn dass für ein Laden. Ich fahre doch nicht für eine Nacht bis nach Rom."

Giovanni Calabrese: „Scusi Signore, hier kein Laden, iste Hotel Excelsior."

Hein Petermann: „Also gut, Sie sind ein Hotel und kein rotes Haus. In Italien laufen wir aber erst nächste Woche ein. Ich möchte doch nur ein bisschen Liebe und zwar morgen. Buchen Sie mir bitte eine Nacht mit Maria!"

Giovanni Calabrese: „Madonna mia, Amore madre di Dio. Ich mussen nachschauen in Prospekt Ludwigs-kirche. Scusi, iste morgen keine Messe frei."

Hein Petermann: „Spinnen Sie doch kein Seemannsgarn. Natürlich ist die Messe frei. Wir liegen doch im Hafen."

Giovanni Calabrese: „Oh, Sie wollen Schiff buchen. Iste nichte Schifffahrtsamt, hier Hotel Excelior."

Hein Petermann: „Ja, hat man dir den Rum gepanscht oder ist in Sankt Pauli die Pest ausgebrochen."

Giovanni Calabrese: „Mamma Mia, Santo Paolo malato? Pessima, iste pessima."

Hein Petermann: „Jetzt hören Sie mal, Sie Heulboje, wollen Sie nun ein Geschäft machen oder nicht?"

Giovanni Calabrese: „Ich nix Hund, machen kein Geschäft. Wir kein Hundehotel."

Hein Petermann: „Wollen Sie mich betakeln. Ich bin doch kein Sodomist, Sie Haifischköder Sie."

Giovanni Calabrese: „Sodom und Gomorrha iste auch untergegangen."

Hein Petermann: „Deine Segel sind wohl löchrig. Jetzt machen wir mal klar Schiff! Also nochmals zum ausklamüsern. Ich, Hein Petermann, liege im Hamburger Hafen und möchte für morgen eine Nacht mit Maria buchen. Ich werde auch dafür zahlen. Und ich bin auch kein Verbrecher, sondern Matrose, Sie Landratte, Sie!"

Giovanni Calabrese: „Olala, ich nixe Löcher in Segel, Saarschiff iste immer klar. Sie aber auch nichte Traumschiff, Sie Hundeliebhaber. Also, wollen nun buchen für Messe mit Maria?"

Hein Petermann: „ Genau, eine Nacht mit Maria."

Giovanni Calabrese: „Sie Gluck haben Signore. Ich habe Nacht gefunden."

Hein Petermann: „Na endlich, das hat zwei Glasen zu lang gedauert."

Giovanni Calabrese: „Morgen Nacht iste Maria im Himmel in große Basilika, iste Maria Himmelfahrt."

Stich für Stich

Wenn die Zeit gekommen ist,
wechsle die Schuhe.

Tage mit Erinnerungsschleifen
wiegen das Licht.

Andere Kleider mit anderen Farben
suchen nach Worten.

Die Anstecknadeln der Säume
setzen Grenzen.

Wenn die Enden sich zuspitzen,
schmerzt jeder Stich.

Die verlassenen Fenster

Niemals werde ich wieder
durch die Bürofenster blicken,
auf den Parkplatz,
das Restaurant,
die Kirchturmspitzen.

Niemals werde ich mich wieder
in den Computer einloggen,
das Programm aufrufen,
die Abläufe sichern.

Wer geht, lässt Vertrautes zurück,
in den Augen die Gespenster
von gestern.

Gegenwart setzt sich
in den Köpfen fest,
hofft auf das Überleben
schöner Erinnerung.

Die nächsten Stufen
haben andere Trittflächen,
andere Absätze,
andere Belege.

Sortiere die Schuhe,
bevor du
neue Wege gehst.

Verwurzelt

Dem erwarteten Brief
fährt ein Zug entgegen.

Deine Züge,
in Lettern verbrieft,
liegen im Postfach.

Was schreibst du
über Unausweichliches?
Verändert sich der Inhalt der Worte
unausgesprochen?

Stillschweigende Übereinstimmung
diskutiert nicht.
Die Durchsage aber
schallt durch die Bahnhofshalle.

Jeder Zug ist wertvoll
und unerschütterlich,
solange er auf festen Gleisen steht,
hoffen wir wenigstens.

Sprachwechsel

Die neuen Frauen
werfen die Haare
in den Nacken.

Fein klingt
die Sprache der Freiheit,
zweisprachig,
zwischen Baby-Trage und Stadtgeländewagen,
zwischen Kita und Arbeitsplatz.

Auf dem Sankt Johanner Markt
ältere Damen in Mundart,
ohne eigenen Rentenanspruch,
haken sich sturzprophylaktisch
immer noch bei ihren Männern ein.

Sie strickten ihre Zukunft
an Nierentischen,
wuschen sich die Erbsünde
von der Seele,
kochten Apfelkompott
und räumten die Steine
aus dem Weg.

Fremdsprache

Die Ansagen der Jugend
verkünden die Ordnung,
als wäre das Neue neu,
das Alte alt.

Die Vorstellung beginnt
mit einem Nebensatz,
öffentliche Bloßstellung
des Bewährten.

Strukturen werden anders geordnet,
Überschriften verändert,
Formate ausgetauscht.

Computerprogramme werden gesperrt,
Zugänge im Urlaub gelöscht,
Zuständigkeiten gestrichen.

Du, mein Wort,
zweifelst,
hoffst,
verstummst.

Die Stunde
ändert die Zeit
im Minutentakt.

Wenn sie gekommen ist,
stell deine Uhren richtig.

Stillstand for Future

Auf das Alterswerk
der Marktwirtschaft
hämmert die Jugend
Parolen,
wissenschaftsgestützt.

Ruhestand des Fortschritts!
Digitalisierte Wut
trennt,
verbrennt,
rennt vor Lösungen davon.

Wer entwickelt
das Klima Schützende,
Technik mit Überlebensgarantie?

Wer erneuert
das zu Erneuernde?
Wer entsorgt
das Überversorgende?

Wer stillt den Hunger
Unterernährter?
Wer überlebt
das Überlebte?

Stillstand
for Future?

Nachbetrachtung

In Stein gemeißelt
die gläserne Wand
der Entscheidungen!

Durchlässigkeit
der Wahrheit
oder dessen, was wir
dafür halten?

Manches Nützliche
war unrichtig,
manches Wahre
nutzte nichts.-

Was auch geschieht,
im Lauf der Jahre
bleibt nur Erinnerung zurück:
eine Welt aus Sätzen
Absätzen
und Umsätzen.

„…auf Knospen spielt der Wind wie Klarinetten"

Vorboten

Es modert wieder in den Waldparzellen
und dampft wie ausgedrückte Zigaretten.
Im Sonnenfilter Wolken sich erhellen,
auf Knospen spielt der Wind wie Klarinetten

Mozarts schönste Frühlingsserenaden.
Die Säfte unter Moosgeflechten müffeln,
Käfer wandern über Promenaden,
nach Pfützen suchend, um sich satt zu süffeln.

Insektenpuppen häuten sich, bald fliegen
ins süße Blütenkörbchen Schmetterlinge,
im Gras Zikaden sich auf Halmen wiegen.

Der Regen tröpfelt, hüpft von Blatt zu Blatt.
Natur erschöpft sich nicht in Wetterdingen,
sie schreitet fort als ewiger Nimmersatt.

Gravuren der Zeit

Sonne wirbelt ihr rotes Haar,
wirft Strähnen voller Glut
ins ausblutende Grau,
der Morgen bürstet die Farben aus.

Wenn sie auf Glas treffen,
strahlen sie zurück in den Himmel,
in den Tag der seine Zeit
an den Gravuren der Spiegelungen misst.

Glauben muss ich, was die Zeit sagt,
denn die Weite ist des Ewigen Aufgang.

Frühlingsaufbruch

Das alte Schloss versinkt im Nebel wie die Tauben
unterm Dach, das ein kaltes Nest beschürzt.
Die aufgestellten Seitenflügel klauben
sich Farbe aus dem Winter. Die Sonne stürzt

zu Boden wie Fallobst von den Ästen,
überdrüssig, angefault, geplatzt,
und Gärten steh'n wie leere Blumenkästen
auf Fensterbänken, Wind zerkratzt.

Im Mittelrisalit aus Glas aufsteigt
ein Klang in Himmelshöhen, als wollt Amalie
streiten mit der Frühlingspersonalie,

welche wolkentriefend, verschnupft sich zeigt
mit Knospenkränzen, ausschlagenden Bäumen,
dass sie den Blütenzauber nicht versäumen.

Frühling in Saarbrücken

Die weiße Stadt verfängt sich in den Seilen,
von Sonnenhand geworfen in den Tag.
Das Lichtern blendet durch die Straßenzeilen
Spazierende, Knospen brechen auf im Hag

des Frühlings wie ein aufgeklappter Fächer,
lebensbejahend, Duft versprühend, farbenfroh.
Und von den Höhen leicht erwärmter Dächer
fällt die Sehnsucht nach dem Anderswo,

zeitvergessen, direkt ins Aug der Träumer
am Saarufer, welche Meeresrauschen ahnen,
sich unter freiem Himmel neue Routen bahnen

im Kampf der Wellen. Wasserschäumer
ruderschlagend den Lichtgewinn verdrängen,
sich unentschlossen in Maßanzügen zwängen.

Schlossführung

Die Tore, wie von Geisterhand bewegt,
sich öffnen, gläsern, majestätisch,
die hohe Halle von der Herrschaft angeregt,
nassauischen Geschlechts. Paritätisch

Wendeltreppen, beidseitig gehegt
von Böhmscher Vision, lichtästhetisch
eingebunden, ins Stahlkorsett geprägt,
Verwaltungssitz der Gegenwart, prophetisch

Versammlungen und Ausschüsse sich winden
übers Marmor geschwung'ner Treppengänge
wie einstmals unterm Lüster der Kristallgehänge

das Schlossgespenst, das geistert in den Fluren,
nochmals den Weg Vergangenem zu spuren:
Wilhelm will Sophia wiederfinden.

Schlossplatz

Die Seitenflügel, gleich geteilt, spalierend
wie Wachen, steh'n vorm Mittelrisalit.
Respekt die Gäste zeigen, die spazierend
Pflastersteine zählen im Beritt

der Kieselsteine, während ziselierend
in der Sonne von der Brunnentraufe
Kaskaden plätschern, das laute Wasser parierend
versickert als perlende Strudelschlaufe

im Pflasterbodenbecken. Unterm Blätterdach
des Cafés strömt das Röstaroma, adelt
die Genießer des Beschauens, und ach –

ein Hund sich löst, zum Brunnen läuft, getadelt
vom Frauchen, dass er nicht als nasser Pudel
wiederkehrt und schüttelnd nässt sein Rudel.

Wilhelm Heinrichs Garten

Ach du grauer Wilhelm, Zeit gebürstet
auf dem Postament und hoch gehalten
der Gebieter über Beete. Des Alten
Bestand nach Frühling dürstet.

Kräuter und Gewürze schossen auf,
dem Sonnenlicht geneigt zu applaudieren.
Dem Gärtner Kletterpflanzen wild skandieren,
und manche Bäume streben hoch hinauf,

vertrocknet, ausgezehrt und farbenblind,
die zarte Wärme in den Stamm zu leiten,
um neue Knospen, Blüten zu entbreiten,

dass Pollen fliegen mit dem milden Wind.
Im Schlossgarten das Knistern Gäste lockt,
wenn jeder Strauch mit Blättern sich berockt.

Im Deutsch-Französischen Garten

Im Wasser gründeln Schwanenmajestäten
und Pommerngänse kreisen still im See.
Die gelben Boote schwanken schwer, sie jäten
die Wasseroberfläche. Die Allee

umschwärmt von Sonne, edlen Pudeldamen
und Dackelherren, eine Lerche singt,
nicht Nachtigallen. Blütenpanoramen
süß duften, hell die Wasserorgel klingt

im Takt der Bachakkorde wie Kastagnetten,
als drehte Mittagslicht geheime Pirouetten,
erhitzt, erschöpft, betäubt. Und Liebeslieder

verschenken Melodien, aufgeklungen
an Bänken. Tauben haben ausbedungen,
sich auszuruhen unterm Sommerflieder.

Deutsch-Französischer Garten

Unter der Schattenspur
schirmbedachter bunter Gondeln
treffen die Lanzetten der Sonne
pfeilgenau auf winterhelle Wangen.

Zur Windmelodie
tanzen Wasserfontänen,
schwingen Osterglocken
ihre gelben Kelche.

Vom Seeweg führen
Steinstufen hinauf
zu verwachsenen Pfaden,
gaukeln der Sonnenfantasie
Tatorte vor.

Um ein Uhr mittags
stehen die Zeiger
auf Licht.

Ehrenfriedhof

Die zurückgekehrten Singvögel
formieren sich.
Wenn sie mit spitzen Schnäbeln
auf die Seehaut trommeln,
schlägt das Echo der Infanterie
gegen den Himmel
über dem Ehrenfriedhof.

Soldaten und Leutnants
verschiedener Regimenter
sterben noch einmal.

Sie liegen unter verwittertem Stein
mit eingemeißelten Gravuren:

der Deutsch-Französische Krieg
am Spicherer Berg
im Deutsch-Französischen Garten.

An manchen Tagen
fällt der Korpsgeist
direkt aus den Wolken.

„Oh Saravus, Sarre, Saar"

Kleines Saarstück

1
Aus der Traufe der Steinwände
entspringen in den Vogesen
zwei Flüsse rot und weiß,
rinnen durch Wälder und Wiesen.

Oh kleine Gewässer,
Schlachten liegen in der Luft.

Einsamer Lauf zwischen Grenzen,
treffen sich Teile eines Ganzen:
ein Fluss, eine Richtung, ein Land.

Oh Saravus, Sarre, Saar,
Wasser kennt keine Grenzen.

Oh Strom, Grenzüberwinder,
grundständiger Tiefer,
auf dem Weg in die Weite.

2
Durch die Stadt der vielen Brücken
fließt das Wasser der Saar,
unter dem Gewölbe des Himmels,
Blaustich für Blaustich.

Ein Fürstengeschlecht hängt in der Luft,
das ging und nicht wiederkam.

Die Saar hat viele Schleppen
von der Farbe der Platanen.
Doch braun ist das Bett,
die Kunst ein Theater.

Oh braunes Blut,
das in den Schleppen verging!

3
Ein Fluss der Spektakel,
zerflossene Geschichte,
dein Streben teilt die Stadt.

Ein Zug durchdringt die Luft,
gezwitschert von Vogel zu Vogel.

Von Brücke zu Brücke
ein anderes Grün,
die gelben Margeriten,
die roten Tamarisken,
braun ist der Grund, schwarzes Land.

Eine Liebe hängt in der Luft
wie die Farbenlehre der Jahre.

4
Durch die Stadt der vielen Brücken
strömt die Wasserader Saar.
Sie fällt von Staustufe zu Staustufe.

Oh blaues Blut
läuft aus deinem Rachen.

Ein Strom für Drachenboote,
ein Ufer weißer Tische,
Glockentürme über dir.

Ein Regenbogen hängt in der Luft,
Farbenspiele des Himmels

Die Haine der Eichen,
die Stämme aus Bast,
die an Grenzen nicht enden.

Oh Liebe, die du warst,
kamst und nicht gingst.
Wer kann dich mir nehmen,
wer deine blutigen Blätter reinigen?

Oh blaues Blut,
das im Lauf des Wassers verschwimmt.

Stadt der Brücken

Die vielen Brücken, die alte Tage verbinden
und eine Straße der Zuflucht übermauern,
darunter der Fluss ohne Wiederkehr strömt,
ohne Rücksicht auf Zurückgelassenes,
legen mir die Morgendämmerung in die Hand,
meine und deine, dass wir den Aufgang der Sonne
wie Kinder bestaunen, den milde gewordenen Wind
allen Anfangs spüren,
dass all die vergangenen Tage nur der Weg
in neue Tage war, dass wir all die alten Tage
Hand in Hand durchliefen und wir trotz
der Sternenverlassenheit immer Licht sahen,
lässt uns die Stadt der verlassenen Häuser
noch grauer erscheinen und unser Haus
als ein kleines unter all den Palästen
der Tränen und Trauer,
das wir von Brücke zu Brücke
immer wieder neu errichteten
mit neuen Zimmern
und Fenstern mit Aussicht.

Kleinvieh macht auch Mist

Die Oberbürgermeisterin telefoniert: „Hier ist die Oberbürgermeisterin. Die Weberin soll umgehend in mein Büro kommen."

Frau Weber: „Guten Morgen Frau Oberbürgermeisterin."

Oberbürgermeisterin: „Guten Morgen Weberin. Haben Sie die Zeitung schon gelesen? Da steht, im Rathaus sei man in der oberen Etage neuerdings auf Rosen gebettet."

Frau Weber: „Die meinen sicher den Rosenstrauß auf Ihrem Schreibtisch."

Oberbürgermeisterin: „Sie sind wohl von allen guten Geistern verlassen!"

Frau Weber: „Die Geister verlassen mich eigentlich nie, die suchen mich ständig!"

Oberbürgermeisterin: „Welcher Geist will Sie schon suchen?"

Frau Weber: „Der Flaschengeist."

Oberbürgermeisterin: „Haben Sie zu viel getrunken?"

Frau Weber: „So tief bin ich nun auch nicht gesunken."

Oberbürgermeisterin: „Gesunken oder getrunken. Im Dienst ist Alkohol verboten."

Frau Weber: „Ja, weil Kinder und Betrunkene die Wahrheit sagen."

Oberbürgermeisterin: „Weberin, wollen Sie etwa sagen, dass in meinem Rathaus gelogen wird?"

Frau Weber: „Gelogen ist ein scharfes Schwert, gebogen, gebogen trifft es eher. Ich kann da nicht mithalten, mein Gewicht reicht dazu nicht aus."

Oberbürgermeisterin: „Wer leicht ist, kommt auch leicht ins Fliegen."

Frau Weber: „Da haben Sie Recht. Ist nur gut, dass Sie immer den Vogel abschießen wollen."

Oberbürgermeisterin: „Weberin! Ich kann doch gar nicht schießen!"

Frau Weber: „Ja, weil Sie die Brille vergessen, wenn Sie treffen sollen."

Oberbürgermeisterin: „Ich vergesse die Brille, um sie zu schonen. Sie wissen, dass wir pleite sind."

Frau Weber: „Sind deshalb die Klobrillen im unteren Rathaus alle aus Plastik. Nur auf Ihrem Flur gibt es welche aus Porzellan."

Oberbürgermeisterin: „Das war ein Versehen der Verwaltung. Deshalb sind wir aber noch lange nicht auf Rosen gebettet."

Frau Weber: „Wer gut sitzt, die Griffel spitzt. Bei soviel Druck kann einem das gute Stück schon mal abbrechen und in die falsche Spalte geraten."

Oberbürgermeisterin: „Da sagen Sie es selbst. Ein Fehler der Verwaltung."

Frau Weber: „Ja, ja, das Stiefbauamt hat viele Brüder und Schwester. Aber umtauschen hätte man sie können."

Oberbürgermeisterin: „Bei dem Rücksendeporto hat sich das nicht gelohnt."

Frau Weber: „Wieso, die Post schlägt doch erst nach der Wahl auf?"

Oberbürgermeisterin: „Die Dinger kamen aus China und sind verschifft worden."

Frau Weber: „Jetzt verstehe ich, warum die schräge Augenwinkel haben."

Oberbürgermeisterin: „Alle Asiaten sehen schief aus. Das ist genetisch bedingt."

Frau Weber: „Wenn man sich auf diesen kleinen Klobrillen sein ganzes Leben lang herumdrücken muss, verkneifen sich die Augenwinkel automatisch. Weshalb hier auch so viele schräge Vögel herumlaufen."

Oberbürgermeisterin: „Weberin, jetzt ist aber gut! Schräg hin oder her. Damit wir die nicht zurückschicken müssen, haben die uns angeboten, eine Klobrille aus Porzellan nachzuliefern. Kostenlos versteht sich."

Frau Weber: „Ja, aber zwei sind gekommen."

Oberbürgermeisterin: „Das war der Rabatt für die Nachbestellung."

Frau Weber: „So spart man also im Rathaus. Wer falsch bestellt, sich besser stellt. Gibt es deshalb in Ihrer Etage so viele Bessergestellte?"

Oberbürgermeisterin: „Machen Sie sich lieber einen Reim darauf, was Sie der Presse entgegnen wollen."

Frau Weber: „Wenn's höher springt, es nicht mehr stinkt. Und steht das Pferd erst auf dem Flur, folgt ihm das Volk auf seiner Spur."

Oberbürgermeisterin: „Weberin! Sind Sie noch bei Sinnen?"

Frau Weber: „Sie haben doch gesagt, ich soll Reime drauf spinnen."

Oberbürgermeisterin: „Was soll das denn jetzt wieder bedeuten? Reden Sie endlich mal deutsch."

Frau Weber: „Sie sind gut. Da wäre ich ja die einzige in der Bahnhofstraße, die man verstehen könnte. Dort ist die Übervölkerung nicht zurückgegangen."

Oberbürgermeisterin: „Das ist auch gut so. Wenn viel eingekauft wird, sprudeln die Steuern."

Frau Weber: „Dann sollten Sie überall Brunnen aufstellen. Am besten bestellen ihre Bessergestellten die auch in China. Bei der Rabattaktion könnten Sie soviel Steuern sparen, dass Sie hinterher die restlichen Toiletten renovieren könnten. Sonst ist die Verwaltung irgendwann so verkniffen, dass Ihnen die Augen aufgehen. Und außerdem: Kleinvieh macht auch Mist."

Oberbürgermeisterin: „Was ist das denn bitte für eine Strategie? Wollen Sie so etwa eine Wahl gewinnen?"

Frau Weber: „Der Chinese sagt, bekämpfe den Gegner dort, wo er es nicht erwartet. Und ist die Brille noch so klein, kann doch ein Kleiner reiner sein. Doch sollte man's nicht übertreiben. Wer will darin schon stecken bleiben."

Oberbürgermeisterin: „Und hast du Augen auf der Stirn, sieht jeder gleich in dein Gehirn, Weberin."

Frau Weber: „Drum sollten Sie auch sitzenbleiben, den Durchblick nicht zu übertreiben. Wer Augen hat, der sieht nicht weg, im Saarland spielt man gern im Dreck. Und wer erspielt ganz viele Klicker, gewinnt das Herz vieler Saarbricker."

Die Klage des Wassers

Haltet das Wasser! -
Tragt es nicht fort;
in der Quelle des Flussbetts
ruht mein Herz wie von allein.

Verlassen klingt die weiße Farbe
ohne mehrstimmigen Gesang,
vom Schloss sickert das Aroma
der Orangerie mit neuen Würzen.

Ihr aber, die ihr Haus und Hof
schon versteigert,
werdet zu den letzten eurer Art,
die fernen Hände
schöpften das Wasser schon aus.

Es ist leerer geworden,
aber es ist immer noch voller Freude.

Kompromissbereitschaft

Also", sprach der Bürgermeister, „nirgendwo sind die Gebühren so niedrig wie bei uns. Entweder wir erhöhen die Nutzungsgebühren öffentlicher Einrichtungen oder wir schließen das Schwimmbad."

Im Sitzungssaal der Gemeinde schwebt das Schweigen der Auserwählten. Es herrscht Sprachlosigkeit.

„Wir haben es hier mit der Auswirkung von Steuererleichterungen zur Erhaltung der Wettbewerbsfähigkeit zu tun! Standortsicherung ist unser erstes Gebot. Sie schafft Arbeitsplätze."

„Welche Arbeitsplätze?" fragte ein Arbeitsloser, „Arbeitsplätze aus Werkverträgen für den Bruchteil des Tariflohns?"

„Wettbewerb erfordert neue Wege und Kompromisse, das ist der natürliche Prozess erfolgreicher Wirtschaft."

„Die Schließung des Schwimmbades ist also der Kompromiss für entgangene Steuereinnahmen von Unternehmen mit Arbeitsplätzen für Hungerlöhne?" fragte die Opposition.

„Die Schließung des Schwimmbades ist die Folge zu geringer Gewinne durch zu hohe Kosten. Deshalb müssen die Personalkosten gedämpft werden."

„Das bedeutet, Personaleinsparung rettet das Schwimmbad?"

„Sie sagen es", verehrter Kollege, „eine Reduktion des Personals könnte die Erhöhung der Nutzungsgebühren öffentlicher Einrichtungen beziehungsweise deren Schließung verhindern."

„Dann beantragt die Opposition, dass das Personal mit den höchsten Kosten zuerst den Arbeitsplatz räumt. Wer stimmt dafür?"

„Ich nehme zur Kenntnis, dass der Beschluss einstimmig ist," sagte der Bürgermeister.

„Wir danken Ihnen für die pflichtgemäße Erfüllung des Wählerauftrages, Herr Bürgermeister", sagte der Oppositionsführer, „Ihre Entlassung wird mit sofortiger Wirkung vollzogen."

Sportsfreunde

Die alten Krokodile mühen sich um Kondition,
spurten oder robben sich zum Fluss,
Wettkampf der Sportsfreunde.

Ein Raffzahn sucht noch nach Beute
im Sumpf, ertrinkt im schwarzen Moor.

Überfüllt rollt die Saar durch das Land,
schlägt Wellen, tritt ab und an
über die Ufer, wässert Gärten und Wiesen.

Das Hochwasser hinterlässt den Schlamm
der Jahre, es stinkt im Land,
morbider Geruch eines Novembers,
der Wandlung versprach.

Bevor der Frühling kommt,
regeln die Nebenflüsse den Abfluss,
verzieht sich der Schlamm in einzelne Beete,
Fruchtwasser für neue Blüten und Ernten?

Chancengleichheit

Die Vorsitzende der örtlichen Partei
ergriff Partei für Parteilose,
um Parteimitglieder
von der Partie der Partei
bei der Wahl zu überzeugen.

Schließlich seien Parteilose
eine aussichtslose Partie,
würden Parteimitglieder
keine Partei für sie ergreifen.

Denn würden Parteilose
Partie für eine Partei ergreifen,
die keine Partei für sie ergriffe?

Parteien seien große Familien,
sagte das Parteimitglied,
in der jeder für jeden einstehe
und mit Posten versehe.
Auch Parteilose seien bestrebt,
dass es ihnen gleichermaßen ergehe.

Schließlich seien Parteilose
das Salz der Demokratie
und an die Überparteilichkeit gebunden.
Denn was geschähe,
wenn es nur noch Parteimitglieder gäbe?

Es wären keine Posten mehr frei,
um die Partie der Partei
mit Parteilosen zu gewinnen.

Katzensprung

Die Oberbürgermeisterin telefoniert: „Hier ist die Oberbürgermeisterin. Die Weberin soll umgehend in mein Büro kommen."

Frau Weber: „Guten Morgen Frau Oberbürgermeisterin."

Oberbürgermeisterin: „Guten Morgen Weberin. Als ich heute früh in mein Büro kam, rief mich der Regionalverbandsdirektor an und hat sich bitter über Sie beschwert."

Frau Weber: „Ach ja, so schwer bin ich doch gar nicht."

Oberbürgermeisterin: „Was heißt hier, so schwer bin ich nicht. Wie viel Gewicht Sie haben, ist dem Regionalverbandsdirektor doch ganz egal!"

Frau Weber: „Er hat aber gesagt, alle müssen alles in die Waagschale werfen, um die nächste Wahl zu gewinnen. Da bin ich ihm halt in die Arme gesprungen."

Oberbürgermeisterin: „Um Gottes Willen, Weberin, was haben Sie gemacht? Sie sind dem Regionalverbandsdirektor bei der Wahlveranstaltung in der Kongresshalle in die Arme gesprungen?"

Frau Weber: „Ja, was blieb mir denn anderes übrig? Seine Frau war nicht da."

Oberbürgermeisterin: „Ja und? Das ist doch kein Grund, ihn öffentlich bloßzustellen?"

Frau Weber: „Ja aber er hatte noch alle seine Kleider an. Bloß, bloß den Mantel hatte er ausgezogen."

Oberbürgermeisterin: „Was spielt denn das für eine Rolle, ob er seinen Mantel an hatte oder nicht"

Frau Weber: „Dann hätte er die Arme nicht so ausbreiten können."

Oberbürgermeisterin: „Wie, die Arme ausbreiten? Seit wann breitet der Regionalverbandsdirektor seine Arme aus. Er ist doch kein Priester."

Frau Weber: „Sein Geist sollte über sein Volk kommen. Wissen Sie, die Blaskappelle spielte *Warte, warte noch ein Weilchen, bald kommt auch das Glück zu dir,* dann marschierte er auf die Bühne. Als das Volk dann sang *bringt vom Himmel dir ein Teilchen,* hat er die Arme ausgebreitet wie zum Segen."

Oberbürgermeisterin: „Das war doch kein Segen, sondern ein Willkommensgruß."

Frau Weber: „Als er die Arme ausgebreitet hat, um sein Volk segnend zu begrüßen, bin ich ihm in die Arme gesprungen, weil seine Frau nicht da war, um ihm Stand zu geben."

Oberbürgermeisterin: „Ja, spinnen Sie denn?"

Frau Weber „Wenn ich das gekonnt hätte, hätte ich ein Netz gesponnen, um ihn festzuhalten."

Oberbürgermeisterin: „Was, ein Netz gesponnen. So ein Unsinn."

Frau Weber: „Ja, doch, ich bin ihm in die Arme gesprungen, damit er sein Gewicht halten konnte. Der hat doch wieder eine Diät gemacht. Einer musste doch dem ganzen Gewicht verleihen. Sonst fällt er am Ende noch um. Und da hab ich halt gedacht, machst es ihm ein bisschen schwerer."

Oberbürgermeisterin: „Was glauben Sie denn, was seine Frau dazu gesagt hat? Am Ende entwickelt sich daraus noch eine Ehekrise. Und das mitten im Wahlkampf!"

Frau Weber: „Das glaub ich nicht. Der redet doch schon seit Wochen nicht mehr mit ihr."

Oberbürgermeisterin: „Wissen Sie etwas, was ich nicht weiß?"

Frau Weber: „Er hat mir im Vertrauen erzählt, dass er mit seiner Frau nicht spricht, weil er sie nicht unterbrechen wollte. Bei ihrem Redefluss käme selbst die Saar ins Schwimmen."

Oberbürgermeisterin: „Was, das muss einem doch gesagt werden. Am Ende bekommen wir Hochwasser und gewinnen die Wahl."

Frau Weber: „Wie sagt schon ein altes Sprichwort aus Angola: Das Krokodil ist nur stark, wenn es im Wasser ist."

Oberbürgermeisterin: „In der Saar schwimmen keine Krokodile, Weberin."

Frau Weber: „Bei soviel Oberwasser sind die auch alle an Land gegangen. Weshalb jetzt die Fische in der Saar feiern."

Oberbürgermeisterin: „Seit wann können Fische feiern?"

Frau Weber: „Seit dem letzten Angelzug. Ist die Bevölkerung gesunken, verliert das Land viele Halunken."

Oberbürgermeisterin: „So, ich sehe immer noch das Schwarze in der Mitte."

Frau Weber: „Wenn es dunkel wird, ist es immer schwarz. Bei Nacht sind alle Fratzen grau."

Oberbürgermeisterin. „Das heißt Katzen, Weberin, Katzen."

Frau Weber: „Und ist die Katze noch so grau, so bleibt sie dennoch seine Frau."

Oberbürgermeisterin: „Was erlauben Sie sich denn?"

Frau Weber: „Und ist die Frau ein kleiner Fratz, dann war der Wahlkampf für die Katz."

Oberbürgermeisterin: „Weberin, das ist Insubordination, Sabotage. Vielleicht sind Sie hier am falschen Platz!"

Frau Weber: „Ich bin noch nicht zu Ende mit dem Reimen. Und ist der Wahlkampf für die Katz, gibt seine Frau ihm einen Schmatz."

Oberbürgermeisterin: „Der Wahlkampf ist doch keine erotische Veranstaltung, Weberin. Wir sind nicht in Amerika. Hier zählt der Inhalt, nicht das Auge!"

Frau Weber: „Und ist der Schmatz so richtig fest, wünscht ihm das Wähleraug das Best'. Drum küsse stets, was dich verbindet, damit das Wählerherz dich findet."

Mutterrechte

Gestern klopfte die praktizierende Mutter
an die Kindertür der Elterngeldstelle.
Verständnislos blickte die Beamtin,
vergaß, ihr die Stillecke zu zeigen.

Sie hätte aber viele Kinder.
Was sie denn wollte
mit ihren Geburten?

Sie sorge für die Rente vor,
für ihre und ihre.
Ob sie keine Versicherung hätte?
Doch, Witwenrente,
fünfzig von vierundsechzig Prozent.
Ob sie denn nicht riestern könne?
Kann nicht zahlen, nur Minijob.

Wenn sie Kinder haben,
müssen sie auch für eine Tagesmutter sorgen.
Ich bin meine eigene Tagesmutter,
sagte die Frau.

Haben die Kinder keine Väter?
Doch, alles natürliche Zeugungen.
Können die Väter nicht für die Betreuung sorgen?
Keine Zeit, Pendler, Mehrarbeit und Überstunden.

Können die Väter sich nicht organisieren?
Meine Kinder haben nur einen Vater!

Sie wollen keine organisierte Betreuung?
Aber ich betreue doch,
Kinder haben doch ein Recht
auf mütterliche Betreuung.

Nach der Tagesmutter
können Sie immer noch betreuen.
Also wollen Sie nun eine Betreuung
organisieren oder nicht?

Aber ich betreue doch!
Selbstbetreuung ist das verfassungsmäßig
garantierte natürliche Recht der Eltern.

Wenn Sie organisierte Betreuung ablehnen,
muss ich das Elterngeld kürzen.

Ist mütterliche Betreuung
eine reduzierte Elternschaft,
fragte sich die Frau.

Der breite Fluss

Die Brücken krümmen sich.
Es zieht der breite Fluss
die Uferböschung ins Bodenlose.
Schuhe verlieren sich
und die Fußtritte der Jäger.

Bald wirst du den Sand
zurück schaufeln in die Mulden,
die sie hinterlassen haben,
den Nebel auswischen
und die Wundrose verbinden.

Krokodile lauerten lange im Sumpf:
sie schnellen hoch, wenn sie Beute riechen,
schnappen nach Gliedern,
verschlingen Gedanken und Köpfe.

Lass dich nicht anpreisen!
Verlasse die Fußtritte,
scheuch die Krokodile zurück,
schütte Sand in den Fluss.
Die Brücken krümmen sich.

Sanierung

Alle Gemeinden in die Karte gemalt,
Pfarrgemeinderäte eingetragen,
Kirchengebäude bilanziert.

Aus zweihundertdrei
zehn saarländische Pfarreien geschält,
ein Pfarrer, zwei Diakone
drei Pastoralreferenten
alles Selbstverwaltung... ???

Gottesdienstplan, Terminkalender
für Taufen und Trauungen,
Beerdigungen nach Vorsprache.

Unrentable Kirchengebäude
verkauft,
profaniert.

Einst der Fels, auf dem Er
seine Kirche baute,
heute ein Steinbruch
aus lauter Baustellen.

Götterglaube

Totgezahlt die Kirchen
mit Steuern.
Psalmen fallen vertrocknet
aus der Bibel.

Wer hat von
meinem Tellerchen gegessen,
wer von meinen Wein getrunken?

Wer zahlt die Gehälter
der Erzieherinnen?
Subsidiarität
heißt ein Nullsummenspiel.

Badewannen aus Marmor
bedeuten Rutschgefahr.
Keine Agape
in vergötterten Häusern.

Rote Teppiche
verlangen nach Verbeugung
vor Arbeitenden.

Auch rote Schuhe
können nicht fliegen.

„...da im Zenit hochsteht die Sonne"

Sommerschloss

Nun ringt das Schloss wie ein geworfner Kiesel,
der Kreise zieht, bevor er untergeht,
mit praller Glut, da im Zenit hochsteht
die Sonne, die feuert wie ein alter Diesel

aufs Fensterglas, durch welches Lichtgeriesel
unablässig Hitze brennt. Es fleht,
das Strahlwerk abzustellen, bevor vergeht
der Tag. Aber der Regen nicht mal Niesel

schickt, die heiße Mittagsluft zu kühlen
mit einem Wolkenheer, das Wind getrieben,
am Schattenpendel zieht mit Böenhieben,

Gewitterdonner, um Sturmsinn aufzuwühlen,
der endet dieses Sengen mit kalten Kräften,
das Leben aufzuwecken mit feuchten Säften.

Schlossgarten

Zwischen den Terrassen der blühenden Gärten
weht ein grüner Duft,
den du befragst wie den Schmetterling,
der ins Blumenbeet schwebt,
aufgefangen von Blütenköpfen
die Statuen bewachen und Putten.

Im Marmor der kathartischen Zeit
steht vor dir der steinerne Fürst,
Licht behängt mit Schattenseiten,
in denen du ausruhst.

Schlossbrunnen

Lass den Brunnen
die hüpfenden Tropfen
in die Schalen
des Säulengevierts werfen,

Goldtaler aus mildem Regen,
die eine tiefe Sonne zählt
im Wolkendunst,

welche die Ansammlung
feuchter Erkenntnis
vor sich her trieb
wie ein Geständnis
der Vergangenheit.

Orangerie

Die grüne Anordnung der Sträucher
blendet den Sonnenwind.
Wärme fällt in die Tiefe der Wehrmauer:

ein kartesischer Teufel,
der ins Efeu eintaucht
und an Steinwänden wieder aufsteigt.

Licht umwirrt dich mit Flimmern und Sengen,
drückt dem Schloss ein weißes Siegel auf,

das aufbricht, wenn Schatten
sich dem Mond zuwenden.

Blue Notes

Kräuteraromen würzen den Park,
Blattläuse mäandern.

Engelstatuetten
öffnen versteinerte Flügel.

Kronenbeete ehren den Fürst
mit Blütenteppichen.

Amalie im vollen Marmor
liest aus den Seiten des Sommers.

Hofgäste schwadronieren ums Schloss,
Licht wirbelt Blue Notes.

Schlossgeschichten

Offene Fenster,
die im Licht des hellen Tags
aufgereiht aufstehen im Gemäuer,
dass die Wünsche der Sehenden
auf Sonnenwegen flüchten
in den blauen Dunst,

bevor sich eine Schar Touristen
über den Pflasterpfad drängt,
sich durch die Türflügel engt,
die eine unsichtbare Hand öffnet,
um die Wendeltreppen
zu erklimmen wie Bergsteiger
der Geschichte verbrannter Steine.

Saarbrücker Schloss

Die kleinen Quader aus grauem Stein
pflastern den Pfad
geradewegs in den Sonnenlauf.

Gewölbe aus Glas,
getragen von Wendeltreppen,
verbindet die Schlossflügel.

Sie führen hinauf in die Kuppel,
in den Spiegelsaal,
in dem Amalie
in fürstlichem Glanz tanzt.

Im Schloss aus Vergangenheit
nistet Gegenwart sich ein
wie die Tauben.

Sie fliegen von Flügel zu Flügel,
hinterlassen weiße Spuren
in der weißen Stadt,

die im Licht der sinkenden Sonne
sich frei atmet
vom Staub der Zeit.

Nanteser Platz

Hinter dem alten Rathaus
wachsen die Bäume
aufrecht in den Himmel,
eine Hoffnung die wissen will.

Auf parkende Autos
werfen sie Schatten.

Männer werfen
Stahlkugeln
über den Boden
vor den Augen der Kinder.

Sie spielen mit Müttern
um den Brunnen der Liebe;
sie sind rar geworden.

Nur die Straßenlokale träumen still,
an ihren Tischen wartet der Mittag.

Berliner Promenade

Ja, sie blenden mich, Schweißperlen,
die auf Wellenkämmen glitzern,
da der Fluss dem Gelbkörper wehrt,
der aus den Höhen Flammen wirft.

Obschon Windäste über die Wasserhaut fächern
lodert die Stirn des Gewässers.
In dieser von Brandwunden gezeichneten Strömung
kräuseln Fische, im Gespräch mit Ankern,
eine Luftblasensymmetrie. Sie gerät in Wallung,
wenn sie auf Steinhöhen trifft,
die den geraden Lauf der Zeit behindern.

Jetzt hat die Sonnenhand den Feuersturm
über die Brüstung getrieben,
löst eine Klangfolge aus,
die auf der Esplanade der Eiscafés schwingt.
Versprechungen wildern durch die Hitze,
die den klaren Blick verschmäht.
Schon das Rascheln einer Duftnote Aufsehen erregt,
inspiriert von der Sehnsucht des Sommers.

Ach, ihr kehren jene den Rücken,
die verängstigt sind und wortlos,
die die Gunst der Stunde vergrämen.
Ich spüre die Trauer der verlassenen Tische
bis Guiseppe sie befreit von den Resten
der erotischen Blasphemie.

Citymeile

Im Hitzefeld der Citymeile
schwebt die Leichtigkeit des Seins.
Über dem Kohlebrunnen
thront der Bergmann,
bedeutet der Hauptstadt das Wagnis,
ehernen Sandsteinfassaden
mit postmoderner Architektur einzuleuchten.

Zwischen Hauptbahnhof und Saargalerie
tändeln Kauftouristen zeitbefrachtet.
Die Bahnhofstraße stoppt den Verkehrsfluss,
lässt der Passage der Wünsche freien Lauf.

Arkaden spannen ein Kälteschild
und auf den Ruheinseln des Straßenpflasters
kosten Ermüdete den Nulltarif aus.
Im Blickwinkel der Schaufenster
spiegeln sich die Anpreisungen,
verlieren Werte an Bedeutung.

Unter den Sonnenschirmen der Freiluftcafés
parlieren Pausierende, die sich erfrischen
und der Zeit Unterbrechungen abfordern.
Am Ende der Citymeile
färben Ampeln den Ausgang.
Das Überschreiten der Übergänge
mobilisiert die verdrängten Grauzonen.

Mittagsdissonanz

Auch das Windflüstern schläft.
Der Horizont zaudert sonnenbehaart,
spinnt seinen Bogen ins maisgelbe Flimmern
und verschwimmt zwischen dem Wolkenpuder,
den der Himmel sich auf die Lider legte.

Der Sonnenstand kulminiert,
das Zeitgespinst glüht unter der Belichtung,
trifft auf Mörtelzeichnungen, auf Häuserreihen,
auf das Staatstheater, das angegraut und benommen
zusammenzuckt, eine Erschütterung,
die durch meine Glieder fährt
und mir für einen Moment das Schaubild verzerrt.

Plötzlich steigt jemand trunken
auf die Zeiger der Mittagsuhr,
schlägt in das Herz der Sommerflur eine Tür,
unten im Gebüsch, zwischen den Heckenrosen,
dem stillen Versteck der Bänke,
auf denen Ermüdete unentdeckt ruhn
und jene Auszeit verkörpern,
welche die Ordnung des Tages verpönt.

Worauf der Erdengrund überhitzt
und unter Gräserschatten zerbricht.
Die Käfer flüchten, versuchen,
der Verödung zu entfliehen,
wie die Schmetterlinge,
die sich in Blütenkelche einschließen.
Sie sind durstig und gebeugt
in der Flora, die fiebert,
die der Saarwiese argwöhnt.
Sie taumelt versponnen
in der Dissonanz der Hochzeit.

Bürgerpark nachmittags

Stromabwärts gesellt sich der Windbaum ans Ufer,
zu beschützen die einstige Brache im Geröllbett,
das stumpf ist und meine Tritte schleift.
Es wacht den konstruierten Ruinen,
wo die Blicke der Tiefe den Turm neu erfinden.

In diesem von Ordnungen ungetrübtem Wildwuchs
Blattgrün die Klinkerwälle bescheidet,
das aus dem Rondell der Stille erwächst.
Rang um Rang dehnt sich das Schweigen,
federt in den Höhen die leichtlebigen Klänge
der Singvögel.

Dort sich in Büschen widerspiegelt,
was Wildenten Luftskizzen erlaubt.
Auf dem Amethyst der Teiche
entwirft die Laune des Lichts Schattierungen,
Glanzpunkte, die irren,
aufkommendes Zinnoberrot dümpelt.

Westspangengemäuer vermisst die Distanz
der Wasserschlucht, die den Spannungsbogen weitet.
Er erhebt sich zum Zensor des Flusslaufs.
Den Brückenpfeilern Graffitigemälde
eine Hommage erweisen,
bis die Neige des Blaus ihren Hang verklärt
und die Aussicht nimmt,
den Bürgerpark vor Burbach zu bergen.

Burbach

Geschäfte treiben den Nachmittag an
in der Bergstraße, die von Wärme erhellt,
ein Lot durch Burbach fällt,
vorherzubestimmen die Richtung des Dorfgangs.

Kastanienbäume beschatten Sankt Eligius
mit Blätterwedeln an den Schauplätzen der Einkehr.
Die Ampelanlage grünt nahe Gersweiler.
Während Fußgänger im Sekundentakt spurten,
errötet sie vor dem Tritt
auf die andere Seite der Stadt.

Längst erneuert die Moderne die Sicht
auf die Saarterrassen, fernab
den verschwundenen Bildern der Burbacher Hütte.
Noch provisorisch erlauben die Zugänge
den Zutritt zum Gewerbepark,
den zu erahnen das Blickfeld des Betrachters formt.

Schräg gegenüber historischer Straßenzüge
quält sich die Lärmwelle durch die Hochstraße,
spurt das Gelände postindustriellen Niedergangs,
vorbei an Zapfsäulen und Brückenschlägen
und hinterlässt in den Wiesen Ersatzarbeitsplätze.
Nur die alten Hochhäuser säumen im lichten Glanz
die verlassene Zeit bis zur Malstatter Brücke.
Sie schenkt ihre Zeiger der Winduhr.

Im Schatten der Basilika

Rot leuchten die Schotterpfade
zwischen den Grasgärten,
die hinausführen auf enge Gassen,
wo Kopfsteinpflaster im Nachhall singt
und sich mich sakralen Tönen durchmischt.

Im Schatten der Basilika
hoffen Besucher auf das von Liebe gedrängte Wort.
Die in den Kneipen Distanz bewahren,
sitzen hinter diskreten Fenstern.

Schließlich weitet der schmale Weg
den Blick auf den Markt in Sankt Johann,
wo der Brunnen Vergessenen Wasser spendet,
inmitten dem Stimmengewirr,
das von den Ständen herüberbricht.

Im täglichen Handel treiben Kopf oder Zahl
ihren Schabernack bis in spätere Stunden,
wenn der Platz von Kaufresten gereinigt
und auf sauber geputzte Menschen wartet.

Schaumgefüllt sind die Gläser,
die jene Gäste zum Mondlicht halten,
das still ihre Abgänge empfängt.

Ich möchte diesen Tag ohne Irrungen beginnen

Nachsehen

Der Tag fällt Alkoholikern ins Kreuz,
die wachen Minuten nicht zu verkraften.
Grauhaarige retten sich übern Markt,
Liebende machen Feierabend.

Ein voller Zug rollt vorbei
mit ungeduldigem Geräusch.
Jemand schreit den Preis aus.
Käufer zahlen nicht nur jetzt.

Einer schlürft Kaffee,
träumt, verpasst den Morgen.
Er sieht der Zeit nach
und keiner weiß,
wer das Nachsehen hat.

Aufbruch

Verstaubt ruht Mauerwerk
im zögernden Aufbruch,
stellt sich dem Straßenwind entgegen.

Fenster sehen verschleiert aus,
öffnen sich langsam dem Licht,
das sich in Spiegeln ergibt.

Asphalt rüstet sich auf
vor dem täglichen Fußtritt,
atmet sein Schaudern aus.

Leise reckt sich der Riese,
setzt behäbig den Anfang
auf den Schlusspunkt der Nacht.

Ich möchte diesen Tag ohne Irrungen

beginnen, der Morgen setzt sein Lächeln auf
und glänzt durchs Fenster.
Die Saarbahn fährt wie jeden Tag,
festgeschraubt, unausweichlich.

Mein Gegenüber spricht mit Nachbarn,
keinen interessiert, was sie sagt,
ihre Sprache dient dem Zeitvertreib.

Ich sehe auf dem Ziffernblatt,
wie die Zeit davon läuft,
eile in Gedanken hinterher, froh,
dass ich aussteigen kann.
Während der Morgen kläfft
und mir die Minuten streitig macht,
fahren andere weiter.

Und ich in meiner Siegerlaune
gehe die drei letzten Meter zu Fuß.
Die Düfte der Frühjahrsblüher sind süß.

laut über laut

treibt bahnhof die straßen
umsätze an die zwischen
ginggong verlauten
tagsüber alle ohren
kaufhausgespannt

schwanke taubenblau
himmel mein lieber schrei
himmelsgestresst
ewig zahlen die münzen
die hände die arbeit
fündig die software

ach du laut über laut
summst leise den rest
der enteignung
die meine seele
geduldig noch trägt

Im Zenit

Grelles Sonnenlicht hängt gleißend
über den schwitzenden, schwarzen Dächern.
Ausgestoßener Menschendunst hängt beißend
in ausgestorbenen Straßenfächern.

Auf weißem Fenstersims stöhnt
in schwachschattiger Stille ein einsamer Spatz.
In die Schwere der Mittagshitz' dröhnt
spitzes Schreien einer suchenden Katz'.

Gärender Müll drängt verdorbenen Geruch
in die stehende, stickige Luft von Tagen.
Ventilatoren sind müd von Versuch,
Wind in die dunklen Kammern zu jagen.

Das Lachen eines Kindes zerreißt
den endenden Mittag, erstarrtes Leben.
Von glühender Sonne still verwaist
beseelt die Stadt träges Wolkenschweben.

Unaufhaltsam

Lege den Blick auf
den Mauervorsprung der Fenster,
die sich verschließen
vor dem Lärm aus den Straßen.

Verschlissen die Weile
gegen die Zeit,
die lautlos verschwindet.

Sehe den Rauch,
der verträumt
neue Wolkenbilder in Himmel malt.

Ein jeder von uns
einen gern erreichte.

Manchmal spiegelt er sich
in wenigen Augen,
die unachtsam
Liebe verschütten.

Langes Stehen

am schweigenden Fenster
ein Blick hinaus
auf dunkle Dächer
über beleuchteten Stuben

Nachtwind mit Blütengeruch
süß das Wachstum der Gärten
offene Hände und Worte
mit Seelendurst
ein Laden wird heruntergelassen

Draußen

Draußen kehrt Schweigen ein
in den Straßen
Dunkel fällt über Dächer
und Terrassen
Winken macht keinen Lärm
unter Neonlampen
die sich Zeit stehlen
tun dies so leise wie möglich

Lampen bewohnen die Häuser

lärmende Kinder zuletzt
unterm Kirschbaum
Frauenhände mit Mütteraugen
Über Tischen und Betten
Nachtgeruch

Eines Nachts

Eines Nachts
als draußen
der Wind sich verfing
in den Nestern der Stadt
als im dunklen Azur
helle Punkte Stichworte vergaben
als die Katze sich kauerte
am Sims unterm Fenster
die Schritte hallten
und schließlich verschwanden

Punkt für Punkt

Keinen Abend möchte ich
vergehen lassen,
ohne das unverhoffte Wiedersehen
mit hellen Punkten,
die bald hier, bald dort
auf Dächern tanzen,
die den Rhythmus schreiben
für alle, die hinhören,
die Punkt für Punkt
ergreifen und in der Ferne
den Himmel beschreiben,
der uns festhält,
bis alle Punkte
in Helligkeit gelöst.

Sternwanderung

Vielleicht
sage ich
vielleicht bringt
der letzte Mond die Nacht
die vor dem Tag
alles verstummen lässt
vielleicht
haben alle Sterne
den Horizont versammelt
der meiner ist
vielleicht
können Sterne
den Weg verlängern
ich gehe
soweit ich gehen kann
Stern für Stern
von jedem nehm ich
ein Kleinod mit
und verteile sie
auf Tage

„Der Sturmwind bläst auf kalten Harfen"

Herbstfieber

Die Stadt trägt schwer am Blättern ihrer Bäume,
die ausgezehrt im Feuerrot verglühn.
Im strengen Wind zerstoben Fieberträume,
wenn auch die Amsel weiterschaukelt kühn

im Karussell der Äste. Die Wolken brettern
im Schnelldurchgang voran. Was wird sich mühn,
Schritt zu halten mit den rauen Wettern,
wenn nur noch Herbstzeitlose in den Gärten blühn?

Aber im Fluss die Schwäne treiben lautlos
durch Wind und Kälte, als wären Jahreszeiten
bloß Erfindung, Flunkerei des Kosmos,

den tagesfrühen, blinden Dunkelheiten
Bedeutung zu verleihen, die sich ausdrückt
in Gewittern, der Lebenslust entrückt.

Der fliegende Holländer

Frau Fährmann hatte sich zum Saarspektakel in Saarbrücken im Hotel Excelsior einquartiert und wollte Karten für „den fliegenden Holländer" im Saarländischen Staatstheater. Um die Karten zu reservieren, ruft sie den Portier an, der nicht gut deutsch versteht und spricht.

„Hallo, ist dort der Portier? Hier ist Frau Fährmann."

Am anderen Ende meldet sich der Aushilfskellner Giovanni Calabrese: „Buon giorno, hier Giovanni Calabrese am Apparat!"

„Ich möchte gerne in die Oper gehen. Reservieren Sie mir doch bitte Karten für das Parkett im fliegenden Holländer. Am besten in der Mitte."

„Bitte warten, ich mussen nachschauen." Giovanni blättert in der Speisekarte, da er den fliegenden Holländer für ein Gericht hält: „Es tun mir leid. Wir keine fliegenden Holländer haben, impossibile, nur Fisch, nixe Flugzeuge in Bauch. Iste Sarrbrucker Saarspektakel. Bitte Sie versuchen nach Sommer!" Er legt auf.

Frau Fährmann wählt neu: „Hier ist noch einmal Frau Fährmann! Ich brauche eine Karte für die Oper! Verstehen Sie mich?"

„Oh, sie rufen extra an wegen Fliegen? Ich sie gut verstehn. Alle Fliegen landen in Oper wie lustige Witwe. Das tun mir sehr leid, scusi, aber iste Fliegen wirklich nix gut für Fischsuppe."

„Nein, ich will keine Fliegen in der Suppe und will auch nicht in die lustige Witwe! Verstehen Sie, ich möchte lediglich, dass Sie mir für den fliegenden Holländer Karten reservieren!"

„Sehr wohl, grande Signora, sie reserviert für Fliegen. Aber hier ist nichte Flughafen, hier iste Sarrbrucken, Fährefrau, iste molto bene, weißes Stadt, Saarschiffahrt, alles Drachenboot, Spektakel, wie Meer in Holland, äh, äh mir fahre mite Schiffche auf Saar, nicht auf Eiselmeer, hier viele Kähne, nixe Flugschau, Frau Kapitän."

Frau Fährmann beginnt sich zu ärgern: „Das meinen sie doch nicht wirklich? Ich weiß, dass es in Saarbrücken keine Flugschau gibt. Wir sind ja nicht in Ramstein. Wir haben hier ein Drachenbootrennen."

„Sie Drachenboot gebucht? Viele schöne Kähne, grande Signora! Großes Trommel, molto bene, mit großes Tamtam, schwimmen alle kieloben."

Jetzt regt sich Frau Fährmann auf: „Ja, sie werden auch gleich kielgeholt, sie Leichtmatrose. Auch ohne Wagner."

„Oh, gnädige Frau, iste Pizza nicht gut genug? Iste unglucklich mit Pizza gustosa? Aber unsere Speisekarte iste imma belissima, fantastico, nixe Wagner-Pizza, nur kunstlich, schmecken schlecht wie Kanal. Alles Ahoi, Frau Kapitän."

Frau Fährmann versucht sich zu beruhigen und sagt: „Es ist alles in Ordnung mit ihrer Speisekarte, ja, ja, aber ich möchte gern in die Wagner-Oper gehen und keine Wagnerpizza essen. Außerdem heißt das „Käptn ahoi", auch wenn nur Matrosen an Bord sind."

„Oh, Captain Cook, nixe Fährmann? Iste Canta nova, Andrea Bocelli." Giovanni fängt an zu singen: „Con te partiro. Su navi per mari che, io lo so. No, no, non esistono più, con te io li vivrò - Sollen ich Fallschirm holen lassen für Flughafen? Iste schlechte Wetter morgen, Orkan, nix Canta nova, alles Ahoi, Fährefrau, sie mussen fahre mite Schiffche bis Eiselmeer, gnädige Frau, wie fliegende Holländer."

Frau Fährmann wird laut: „Ich fliege doch nicht! Die Oper ist nicht abgesetzt. Und ich bin auch kein fliegender Holländer".

„Bene, sehr wohl, wie Sie meinen, ich verstehe, nix gut heute, Orkan machen alle verruckt. Gute Flugnacht Fährefrau." Giovanni legt wieder auf.

Frau Fährmann sucht vor Schreck in der Minibar nach Getränken und nimmt den Cognac, dann wählt sie neu: „Hier ist noch einmal Fährmann. Ach bitte, reservieren sie mir für den fliegenden Holländer aber bitte nur eine Karte in der Mitte des Parketts."

„Scusi, uno Momento." Herr Calabree blättert wieder in der Speisekarte. „Iste leider keine Fliegengericht, nur Fisch oder Suppe mit Fisch, Sarrbrucker Saarspektakel, keine Flugschau."

Frau Fährmann glaubt, sich verwählt zu haben und fragt nach: „Spreche ich mit der Rezeption? Ich habe eben schon angerufen. Ich möchte weder eine Fischsuppe noch eine Flugkarte reservieren, ich will in die Oper, Parkettmitte."

„Hier iste wieder Giovanni, gnädige Frau. Ah, gut dass jemand will sitzen in Mitte von Lokal." Er legt den Hörer beiseite und blättert weiter. „Signora, iste leider nicht in Sarrbrucken, nur in Eiselmeer."

Frau Fährmann wird jetzt sehr ärgerlich: „Das ist doch nicht möglich. Ich möchte in den fliegenden Holländer und nicht nach Holland fliegen."

„Verstehe. Sie wollen nicht fliegen nach Holland, Angst vor Unglück, vielleicht lieber anderes Land?"

Frau Fährmann empört sich: „Das ist doch nicht zu glauben. Jetzt passen Sie mal auf, noch einmal alles von vorne. Ich, Frau Fährmann, und ich bin auch kein Kapitän, möchte am Samstag in die Wagneroper „Der fliegende Holländer" und nicht nach Holland fliegen. Außerdem sind sie nicht Bocelli, sie Cantanovasänger, sie!"

Jetzt ist Giovanni Calabrese gekränkt. „Olala, ich nixe Bocelli, aber Sie auch nichte Fischerchor, sie Stimme rau wie Hafenarbeiter voll mit Grog. Also wollen reservieren für Oper, nichte Fischfang, gnä Frau?"

Frau Fährmann beruhigt sich: „Genau."

„Gut. Dann ich mussen nachschauen." Er blättert wieder in der Speisekarte. „Signora mite in Parkett?"

„Ganz genau."

„Sie Gluck haben, Signora! Ich habe Samstagmorgen Platz mitte in Lokal! Sie singen können Rolling home, gnädige Frau."

Frau Fährmann atmet auf: „Na, endlich! Das hat ja lange gedauert."

„Speisekarte iste morgen neu!"

Königswetter

Saarbrücken, 11.10.2018

An dem Tag
als die Morgentemperatur Frösteln auslöste,
als das Himmelblau im Sonnenlicht aufging,
als die Blätter von den Bäumen taumelten
und im Rinnstein tanzten,
als die Wetterprognose der Meteorologen
die nahende Kaltfront vermeldete,
als der Schlossplatz abgesperrt wurde,
als viele Kollegen Herbsturlaub nahmen,
als die Flure abgesperrt wurden und leer blieben,
als die Bediensteten aus den Fenstern schauten,
als die Wartenden orangefarbene Fähnchen schwenkten,

an diesem Tag in Saarbrücken
rollte die goldene Kutsche vor,
defilierten Seine Majestät
König Willem-Alexander, König der Niederlande
und Königin Máxima, Prinzessin der Niederlande
über den Pflasterteppich zum Saarbrücker Schloss,
stand Fürst Wilhelm Heinrich von Nassau-Saarbrücken
und seine Frau Fürstin Sophie Erdmuthe
im Bilderrahmen des Festsaals Spalier,

an diesem Tag im Saarbrücker Schloss,
telefonierte ich unablässig,
verhandelte, klärte, organisierte ich,
an diesem Tag, als am Spätnachmittag
ich vor Hunger dänische Butterplätzchen aß
und eine Flasche Mineralwasser trank,
an diesem Oktobertag wärmte mich
das verbliebene Sonnenlicht,
das mein Büro in helles Gelb tauchte,
sog ich die Wärme für die dunkleren Tage ein,
wie eine Ertrinkende im Saarspektakel.

Nach dem Sturm

Pfützen mäandern zwischen Pflastersteinen,
im untergehenden Licht verlieren Tische Gesichter.
Ein Spatz trinkt aus dem letzten Glas,
unter den Überständen landen Tauben.

Passanten parlieren, telefonieren,
das Murmeln durchdringt die Stille nach dem Sturm
wie das Martinshorn in Notlagen.

Ein Straßenmusikant flötet Hymnen ins Licht,
zwischen den Arkaden jauchzt ein Kind,
der Vater fährt Slalom mit dem Kinderwagen.

Die Karawane der Touristen setzt sich in Gang,
allen voran der Stadtführer,
welcher die Geschichten der Schlossmauer aufblättert
wie die Hoffnung neuer Erkenntnis.

Nebelung

Die blaue Kälte weilt auf den Chausseen,
verstößt den trüben Dampf aus Himmels Nüstern
wie bleiche Geister. Inmitten dieses düstern
Vernebelns ringt der Tag um Auferstehen.

Die nackten Bäume betteln in Alleen
um etwas mildes Licht des Sonnenlüsters
voll Freude, angesichts des Geflüsters
der Krähentrupps im Kahlgeäst der Schlehen.

Und Schilder, ausgewaschen, auf den Brachen
noch Wege weisen in einsame Leeren.
Zurück geblieben auf den Pfaden Lachen

des Schneefalls, darin entkräftet Vögel sich trimmen,
bevor sie untergehn. Sie fischten nach Beeren
der Ebereschen, Leben und Tod verschwimmen.

Die Fledermaus

Besucherin: „Ich hätte gerne zwei Karten?"

Dame an der Theaterkasse: „Was hätten sie gerne für Karten?"

Besucherin: „Na zwei, hab ich doch gesagt."

Dame an der Theaterkasse: „Ja, das haben Sie. Aber welche Karten möchten Sie denn?"

Besucherin: „Kann man sich die denn aussuchen? Dann hätte ich gerne die gelben."

Dame an der Theaterkasse: „Wie, die gelben?"

Besucherin: „Na, die da auf dem Stapel liegen. Die sind doch alle gelb."

Dame an der Theaterkasse: „Das sind doch keine Karten, das sind Ausweise für Behindertenparkplätze."

Besucherin: „Wie, bekommt man jetzt im Theater die Behindertenausweise? Sind das die neuen Sparmaßnahmen der Landesregierung? Wurde das Theater jetzt mit dem Landesamt für Soziales zusammengelegt?"

Dame an der Theaterkasse: „Wir haben auf unseren Parkplätzen eine Zone für Personen, die gehbehindert sind, aber trotzdem keinen amtlichen Ausweis bekommen. Die bekommen so eine gelbe Berechtigungskarte."

Besucherin: „Ach so, sie machen eigene Behindertenausweise. Kann man damit auch in der Stadt auf Behindertenparklätzen parken?"

Dame an der Theaterkasse: „Natürlich nicht. Die gelten nur auf unserem Parkplatz. Inklusion, verstehen Sie? Wo möchten Sie denn nun hingehen, zur Fledermaus vielleicht?"

Besucherin: „Fledermaus, gibt es hier vielleicht auch noch eigene Stollen für nachtaktive Tiere? Gehört das auch zur Inklusion oder hat der Naturschutzbund hier eine Nebenstelle aufgemacht?"

Dame an der Theaterkasse: „Ich bitte Sie, ich meine die Operette „Die Fledermaus" von Johann Strauss."

Besucherin: „Ach, das ist eine Operette, kein Tierfilm?"

Dame an der Theaterkasse: „Kennen Sie denn den Walzerkönig Johann Strauß nicht?"

Besucherin: „Woher soll ich ihn denn kennen. Beim Seniorentanzen war er jedenfalls nicht."

Dame an der Theaterkasse: „Aber der lebt doch nicht mehr."

Besucherin: „Ja wenn er tot ist, kann er auch keinen Tierfilm mehr drehen. Haben Sie deshalb die Inklusion mit eigenen Behindertenparkplätzen verstärkt?"

Dame an der Theaterkasse: „Wie bitte? Was hat denn der Walzerkönig mit der Inklusion zu tun?"

Besucherin: „Na, der Drehschwindel, den bekommt man doch vom vielen Walzertanzen."

Dame an der Theaterkasse: „Jetzt hören Sie aber auf. Johann Strauß ist einer der bedeutendsten Komponisten des goldenen Zeitalters der Wiener Operette."

Besucherin: „Was hat er denn komponiert?"

Dame an der Theaterkasse: „Na, Rosen aus dem Süden oder den Zigeunerbaron, zum Beispiel."

Besucherin: „Das ist ja eine Diskriminierung. Zigeuner darf man doch heute gar nicht mehr sagen, das heißt heute der Romabaron. Kein Wunder, dass Sie Inklusion nötig haben und eigene Stollen bauen, um sie zu verstecken."

Dame an der Theaterkasse:„Wie verstecken?"

Besucherin: „Ja, wenn das fahrende Volk mit den ganzen Wohnwägen hier aufkreuzt, reichen die paar Behindertenparkplätze in der Stadt sicher nicht mehr aus."

Dame an der Theaterkasse: „Also, das ist ja nicht zu glauben. Kennen Sie denn das Lied *Ja das Schreiben und das Lesen ist nie mein Fall gewesen* nicht?"

Besucherin: „Ach, schreiben und lesen können die auch nicht? Sind die Karten deshalb gelb?"

Dame an der Theaterkasse: „Nein, die Karten sind nur gelb, damit sie nicht mit den Theaterkarten verwechselt werden!"

Besucherin: „Jetzt regen Sie sich mal wieder ab. Ich will ja keine gelben Karten, wir wollen doch nur ins Theater gehen. Einen Parkplatz haben wir schon. Haben Sie denn außer Tierfilmen und Analphabeten nichts zu bieten?"

Dame an der Theaterkasse: „Sie könnten auch in ein Konzert gehen."

Besucherin: „Spielt denn der André Rieu vielleicht?"

Dame an der Theaterkasse: „Der spielt doch nicht hier. Ich bitte Sie, der geht mit seinem Johann Strauss Orchester auf eigene Tourneen."

Besucherin: „Wie, ich denke, der lebt nicht mehr."

Dame an der Theaterkasse: „Tut er auch nicht. Das Orchester heißt nur so. Also, in welche Aufführung möchten Sie nun gehen?"

Besucherin: „Haben Sie denn noch etwas anderes im Programm als Tierfilme von toten Komponisten? Vielleicht eine Komödie von Willy Millowitsch? Die Pension Schöller fände ich lustig."

Dame an der Theaterkasse: „Erstens hat Willy Millowitsch in dem Stück Pension Schöller nur mitgespielt. Er hat es nicht selbst geschrieben und außerdem sind wir ein ernsthaftes Theater und keine Boulevardkomödie. Wenn Sie lieber Lieder von Millowitsch hören wollen, gehen Sie doch in ein Dorfkonzert des Musikvereins oder zum Karneval. Hier wird jedenfalls so etwas nicht aufgeführt."

Besucherin: „Jetzt werden Sie nicht beleidigend. Kein ernst zu nehmendes Theater, Willy Millowitsch, ha, da kann ich doch nur lachen! Der hat sogar ein eigenes Denkmal in Köln. So wie Sie sich hier aufführen, kann man nur sagen, Humor ist, wenn man trotzdem lacht!"

Dame an der Theaterkasse: „Ja, in Köln ist das vielleicht so, da ist ja immer Karneval. Dort können Sie „Schnaps, das war sein letztes Wort" das ganze Jahr über singen. Aber nicht in hier Saarbrücken."

Besucherin: „Sie Kulturbanause. Sie würden wohl besser singen „Wir sind alle kleine Sünderlein" nach dem Skandal des Saarländischen Sportverbandes. Ich hab jetzt genug von diesem hehren Kulturangebot."

Dame an der Theaterkasse: „Wie bitte, Sünderlein, Sportverband? Was hat das denn mit uns zu tun? Sie sind ja eine Ignorantin der hohen Kunst. Gehen Sie doch zur Lach und Schießgesellschaft."

Besucherin: „Lachen, ja, das werde ich und von ganzem Herzen, denn lachen ist gesund. Zuerst wollen Sie mir einen Tierfilm andrehen, dann verweigern Sie mir den Behindertenausweis, dann soll ich mir einen Drehschwindel anwalzern und mir eine Operette mit Analphabeten ansehen. Wenn Strauss nicht schon tot wäre, würde er mit Millowitsch darauf einen Schnaps trinken. So viel Theater hat dieses Theater gar nicht verdient. Jetzt fahre ich nach Köln, miete mich in der Pension Schöller ein und tanze Rosen aus dem Süden mit dem Strauss Orchester von André Rieu."

Spätherbst im Saarbrücker Forst

Die gelben Blätter sind erstarrt,
der Sturmwind bläst auf kalten Harfen
durch das Geäst der Eichen. An scharfen
gezackten Blätterresten verharrt

der Nebeltau. Ein Pelztier scharrt
im Unterholz der Lärchen. Sie warfen
die Nadeln ab, bedecken Larven
und geben Schutz vor dem Start

der Winterzeit. Im feuchten Dunst
erspäht ein Habicht Haselmäuse,
auf Suche nach dem Schlafgehäuse.

Er stürzt hinab mit Jägers Kunst
und fliegt die Beute in den Horst
des Habitats Saarbrücker Forst.

Urwald

Wir klettern über abgebrochene Äste,
spüren dem Laut nach,
der von den Stämmen rührt,

an der Borkenweste
hämmert ein Specht, stolz,
seine Höhle ins Holz.

Zersplittertes schießt
in den Humus Trichter,
wir weichen dem Fallen aus,
laufen auf freie Plätze;

eine Maus verschließt
ihr Erdloch mit Laub dichter,
rollt vor einen Blätterballen,
versteckt die Vorratsschätze.

Waldvögel pfeifen
geheime Botschaften,
verführerische Gedanken,

wir lösen vom Liebesgeplänkel die Blicke
und wandern weiter.
Die sich den offenen Kampf verkneifen
rütteln an Altholzplanken.

Schadensfall

Ungeordnet vom Donner
das Netz der Spinne im Strauch.
Die Hornisse stürzt,
verschleiert, verklebt, auf den Bauch.

Sie windet sich, sticht ihr Gift
in den regenweichen Boden,
trifft den Hirschhornkäfer
auf den schwarzen Panzer,
der darunter krabbelt.

„Bist du ein Lanzer",
ruft er ihr nach,
„oder ein kämpfender Schläfer?
Der Urwald eignet sich nicht
zum Kriegserklären",
und wischt ab sich die Zähren.

Während er zappelt
betrachtet die Spinne das Kräftemessen,
webt ein glitzerndes Dach.

Die Hornisse reinigt vergessen
im feuchten Bach des Sturms
die Flügel erpicht,
fliegt auf aus dem Bann
ins Sonnenlicht.
Arachne strafft ihr Gespann.

Steinstraßenzeit

Herbst wildert
wieder im Geäst.
Buntblättrig die Beute
des letzten Sommers.

Kletterpflanzen halten noch
an Lärmschutzwänden.
Hier und da ein Blick
auf bepflanzte Kohlehalden.

Auto um Auto der Baumfall
und der Aufstand der Feldmäuse
gegen die Steinstraßenzeit.

Vögel versammeln sich.
Schweigen ist ihre
Hinterlassenschaft.
Wintergäste bleiben.

Manchmal verirren
sich Menschen auch.

Blätterleuchten

Wie leuchten die Blätter! Doch Nebelwände
die Farben befallen, die letzten Früchte
an Ästen verharren, verbreiten Gerüchte,
die Jahreszeit Herbst nähme kein Ende.

Der Wind seine stürmischen Erntehände
um Kronen und Sträucher legt. Ausflüchte
wie Alter, Erfahrung verfallen, Sehnsüchte
verhindern nicht das Verderben, die Wende.

Auf hohem Geäst letzte Vögel schaukeln,
sie lauern der Dunkelheit still entgegen,
die Wolken das Grau hin und her bewegen,

von Wiedererwachen und Neubeginn gaukeln.
Bis alles vertrocknet, zerspringt und zersplittert.
Im Harsch die verlorene Reife verwittert.

Zwischen Traum und Schlaf

Abends wachen Vögel sorgsam leise,
harren aus im hochgereckten Ast,
Wolken finstern Schlafes Ruhekreise,
halten in der Dämm'rung Lebensrast.

Du, mein Vogel, sollst nicht klagen, trauern
auf der Schulter, meiner zitternd Hand,
mit der Tinte aufgebaute Mauern
überflieg in Traumes Anderland.

Streulicht blendet aus verworf'nen Höhen,
pendelt schauernd zwischen Traum und Schlaf.
blaues Blut verwob sich mit den Böen,
Sternenschein das Dunkel übertraf.

Stilles Vergessen

Als wär die Welt in kleine Stücke aufgerissen,
zerteilt in Fetzen der Erinnerung; wer weiß
das Puzzle neu zu legen in den Rahmenkreis
des frühen Lebens? Die Zeiten haben sich verschlissen,

und in den Augen weilt der Traum als Ruhekissen.
Die angsterfüllte Seele hält dem Zellverschleiß
jedoch nicht stand. Das Trauern, Warten auf Geheiß
der Fragen, hat dem, der liebt, Verstand und Herz zerrissen.

Und suchst du doch, den kranken Menschen zu verstehen,
erkennst du bald, dass diesen Kampf niemand gewinnt.
In dieser Welt herrscht nur das zeitlose Vergehen,

Vergessen, stille Umkehr der Generationen,
als wenn die Wurzel deines Liebens dir entrinnt,
die Hoffnung stürzt zuletzt aus Abschiedstraditionen.

„...sie tragen die Knochen zu Grabe"

Unsichtbares Mahnmal

Schatten wirft der alte Baum.
im Turm schlagen die Zeiger der Uhr
eine unirdische Zeit,
nein, dieses Sonnengeplänkel
dringt nicht ins Gestein.

Es liegt ein Klagen in der Luft,
das aus Gefängniszellen
des unterirdischen Labyrinths
nach oben weint,
sich auftürmt

und tausende Hände
greifen nach Luft,
halten sich daran fest,
klettern auf Wolkenstege,
um davon zu eilen
mit heiler Haut
in den Himmel.

Unsichtbar bleibt was unerhört,
nur die kleinen grauen Quader
zählen die Namen der Friedhöfe,

eine Inschrift, in die Zeit getrieben
wie die Bibel,
die der Wind aufblättert.

KZ Neue Bremm

Die roten Kacheln im Waschraum,
das Wasser wäscht sie tot, die Männer,
sie frieren, sie tragen die Knochen zu Grabe,
im Waschraum, da liegt es sich gut,
auf dem Martertisch im Waschraum, da liegt es tot
das Skelett mit verdrehten Armen und Beinen,
die Augen starren, sie staunen
über das Weiß im Gesicht.
„Das ist Hygiene in Deutschland!"

Der Löschteich ist kalt und verdorben,
er spuckt ständig Schlamm und Geröll,
die Männer, sie hocken, sie hüpfen
im Entengang unten am Teich, da knarrt es,
da kracht es, sie fallen und fallen.
Gewehrkolbenhiebe, Fußtritte, Schläge,
sie peitschen sie hoch, die Männer, sie taumeln
am Teich, am Morgen, am Mittag, am Abend!

Die seifige Planke neigt schräg sich zum Wasser,
die Kipplade trägt ins Wasser den Tod,
die Männer zerschlagen, ihr Rot läuft davon,
ins Nichts trägt die Luft die Skelette,
die balancieren auf der Planke am Teich;
die Kugel löscht die Bewegung im Grab
aus Wasser, die Hände am Bassinrand noch klammern.

Der ‚Salatkorb' hält still, entlässt seine Fracht.
Kolonnen aus Widerstandskämpfern, Gefangenen,
sie reihen sich auf, stehen stramm unter'm Schild:
„Ihr seid hier um zu leiden und zu sterben –
Die Nahrung die man euch gibt ist nur ein Geschenk."
Da sehen sie's, der Teufel ist hier, der Teufel ist hier.
„Juden und Priester vorgetreten!" der Teufel ist hier,

der Teufel ist hier, er wütet, er wütet.

Der Kapo, er schreit „Was ihr wollt nicht marschieren!"
Und schlägt und schießt, er tritt und brüllt:
„In die Hocke im Kreis um den Teich!"
Die Stunden, sie kreisen, sie halten still
beim sechsten Schlag, die Juden sind tot, die Juden sind tot.
Die Priester im Schlamm, im Rot die Soutane.
Sie sollen noch nicht sterben, geschleift zur Baracke,
sie sollen langsam sterben, sie knallen zu Boden.

Ein Kohlblatt im Wasser der stinkenden Brühe,
verfault sind die Rüben, versalzen der Sud,
das Brotstück im Magen, der Hunger, er wütet
in den Gedärmen der Männer von morgens bis abends.
Die Hasen wie Könige schlemmen im Stall,
die Männer sind hungrig, auf Verrat steht Brot,
die Männer sind hungrig, ein Dieb ist ein Held!
Ich hab was gehört, ich hab was geseh'n. -

Der Teufel ist hier, der Teufel ist hier,
er greift nach den Frauen der Männer,
er greift nach den Schwestern und Müttern,
er zeichnet die Spur in den Leibern.
Der Aufseher schnallt seinen Gürtel,
der Teufel ist hier, der Teufel ist hier,
die Frauen, sie wimmern, sie torkeln,
kein weißer Fleck im Gesicht, zerrissen die Lumpen.

Das Wasser im Waschraum, es wäscht schon,
die Kacheln sind rot, die Kacheln sind rot.
Der Tisch wird geleert, der Vorrat an Särgen
ist aufgebraucht, wohin mit den Toten?
Der SS'ler sagt: „Auf den Müll mit dem Müll"
Die Aborte, sie stinken, der Haufen der Toten wächst täglich,
das ist die Hölle in Deutschland, der Teufel ist hier,
der Teufel ist hier,

im Lager des langsamen Sterbens,
im KZ Neue Bremm.

*(Zitate der Aussagen der Wärter aus: Neue Bremm. Ein
KZ in Saarbrücken. Raja Bernard, Dietmar Renger. Ge-
schichtsverlag S. Brück. Heusweiler 1999)*

Alter jüdischer Friedhof in Saarbrücken

Hoch hallen die Stadtgeräusche,
schlagen gegen die Straßenwand,

deren Echo im Stern
des gealterten Gemäuers vibriert.

An diesem Ort der Ruhestätte
ist die Mauer ein letzter Schutz,
durchlässig für eine Sprache,
die hier kaum noch jemand spricht.

Das Öllämpchen verlor längst
seine Flamme in der Verwitterung,
im Morast der gefallenen Blätter
wühlt ein kleiner Vogel.

Die das Tor aufschließen,
suchen nach Gräbern,
wo Steine wie Seelen sind.

Stumme Schreie

Sie wusste nicht, wie lange sie bereits am Tor stand, als der Wagen eines Beerdigungsinstituts vorfuhr. Ein Herr in Jeans und kariertem Hemd stieg aus, öffnete das Zufahrtstor und fuhr den Wagen durch die Einfahrt auf den Friedhof. Endlich fasste sie sich Mut und betrat ebenfalls das Gelände, das eine seltsame Anziehung auf sie ausübte. Als Kind ging sie häufiger alleine auf Friedhöfe, nicht aus Gründen der Trauer oder weil sie die Gräber ihrer Vorfahren aufsuchen wollte. Friedhöfe bedeuteten für sie einen Ort der Ruhe und Stille, des Auflösens der Gegenwart und des Aufhebens von Zeitgrenzen.

„Ist der Friedhof immer offen? Der alte Friedhof in der Simonstraße ist zugesperrt. Wenn man dort hinein will, muss man sich den Schlüssel bei der jüdischen Gemeinde holen."

„So weit ich weiß, ist der hier immer geöffnet und für jeden zugänglich."

„Haben sie schon von Schändungen gehört. Gibt es das hier ebenfalls?"

„Da fragen sie besser den Gemeindevorsitzenden. Der kommt in einer Stunde. Heute Mittag ist eine Beerdigung."

Der Herr war freundlich und auch etwas verwundert über diese Fragen. Was wollte die Frau?

„Danke. Ich kenne den Herrn, hab schon mit ihm telefoniert."

Sie ging den Hauptweg entlang und bog in einen Seitengang ein. Die Namen auf den Grabsteinen kamen ihr irgendwie bekannt vor. Da lagen Familie Simon, Frau Marx, Herr Wainstock, Familie Salomon. Nichts war ihr fremd. Die Gravuren waren meist in hebräisch, manche hatten auch deutsche Inschriften. Der Friedhof unterschied sich kaum von den anderen, die sie besucht hatte. Nur die Grabsteine trugen anstatt eines Kreuzes den Davidsstern.

Die Ruhe war jedoch anders, diese Stille wollte ihr etwas mitteilen. Sie sah auf die Todesjahre der hier Ruhenden. In diesem Seitengang lagen schon sehr alte Menschen, noch Mitte des neunzehnten Jahrhunderts geboren. Das Lebensalter schwankte zwischen sechzig und achtzig Jahren, nichts Auffallendes.

Sie blieb eine Weile stehen, hörte Menschen reden. Es waren wenige Besucher da, die sich über ihre Verwandten unterhielten. Sie ging weiter. Auch dort nichts Besonderes. Die Verwitterung war unterschiedlich. Manche Gräber waren besonders sorgfältig hergerichtet, andere hatten wohl schon längere Zeit keinen Besucher mehr gesehen.

Im nächsten Seitengang wurden die Menschen jünger. Schließlich kam sie in eine Reihe, in der ein Todesjahr dominierte. Fast alle waren in diesem Jahr gestorben. Wir haben sie alle umgebracht, die Menschen, die hier liegen, dachte sie. Deshalb ist die Stille so laut. Sie hörte die stummen Schreie der Seelen.

Plötzlich war ihr, als greife jemand nach ihrer Brust, als wollte ihr jemand das Herz herausnehmen. Mein Gott, rief es in ihr, warum hast du das zugelassen? Mein Gott, weshalb kann ich nicht dort liegen? Mein Gott, warum lässt du mich leben in einem Land, das Menschen massenweise ermordet hat? Mein Gott, wie soll ich die Erbschuld ertragen?

Sie erstarrte für einen Moment. Ein Besucher kam vorbei. Er musste wohl gemerkt haben, dass sie entsetzlich erschrocken war.

„Der Ewige sieht uns alle, er sieht uns kommen, er nimmt uns zu sich, er ist der Herr der Zeit. Doch niemals nimmt er uns die Last zu leben. Wir können seine Güte erflehen, doch nicht die Vergebung fordern, wir können auf sein Erscheinen hoffen, doch niemals sein Bild verlangen. Wir können seine Liebe fühlen, wenn wir uns befreien von der Kälte der Herzen. Nur Gott kennt den großen Plan, doch ausführen muss ihn jeder selbst."

Spurensuche

Der Himmel brennt, er schneidet Feuerschluchten.
Allee des Lebens, du ziehst so rasch vorüber,
wirst unverhofft zum schnellen Herzbetrüber.
Die kalte Kraft beginnt im Tag zu wuchten.

Und in den letzten aufgehellten Buchten
verklimmt der Docht als treuer Nasenstüber.
Der weiße Rauch legt sich als Schutz darüber
im Augenblick des Abschieds aller Fluchten.

Was jetzt vergeht, ergibt sich bald in Spuren.
Ich suche mich, ich suche dich zu finden.
Ein später Zweig will uns'ren Baum umwinden.

Den Totentanz vollführen schon Auguren.
Wo meine Hand in deiner Hand uns bindet,
verliert das Grau, der Sterbeton, er schwindet.

Jakob und Levit

Jakob sortierte gerade die Post, als es plötzlich laut knallte und das Tor am Eingang des Gebäudes krachend auseinander brach. Er erschrak, ließ die Briefe fallen und rannte ans Fenster. Staubwolken stiegen hoch, sonst schien jedoch nichts weiter passiert zu sein.

„Was war das?" kam Levit angestürmt.

„Ein Anschlag, das muss ein Anschlag sein. Ruf die Polizei!"

Jakob war zwar aufgeregt, aber gefasst. Er wusste, dass dies irgendwann kommen würde. Niemand hatte ihm geglaubt. Dabei waren die Drohbriefe eindeutig. „Raus, Judenpack" stand auf dem Papier, „Juda verrecke" oder „Ihr seid übrig geblieben. Wir haben euch nicht vergessen".

Jakob war zutiefst enttäuscht. Sein ganzes Leben kämpfte er nun schon mit den Deutschen. Er hatte gehofft, dass irgendwann einmal der Spuk vorbei sein würde. Doch er war es immer noch nicht. Gewiss, er hatte hier viele Freunde gefunden. Aber was war das nur für ein Land? Fünfzig Jahre nach dem Massenmord gab es noch immer Menschen, die Juden so sehr hassten, dass jene sie umbringen wollten. Jakob weinte still, Levit telefonierte.

Die Polizei kam nach zwanzig Minuten, erst dann ging Jakob an das aufgesprengte Tor. Die Beamten nahmen alles auf, auch, dass er zwei Männer weglaufen sah.

„Nehmen sie es nicht persönlich, Herr Salomon. Das sind Verrückte, nur ein paar Vereinzelte. Wir mögen sie alle hier, glauben sie mir", betonte der Uniformierte. Jakob nickte resigniert. Nein, die anderen taten ihnen sicher nichts mehr. Aber sie taten auch nichts dagegen, dass so etwas überhaupt geschehen konnte.

Auf der Wache hatte man ihn nicht ernst genommen, hatte ihn voll Mitleid angesehen, so als wollten sie sagen, alter Mann, was willst du hier? Diese Frage stellte er sich jetzt auch. Was wollte er hier noch? Im letzten Jahr wurde der Friedhof geschändet, alle Grabsteine umgeworfen und mit Hakenkreuzen besprüht. ‚Ein dummer Jungenstreich' stand im Gemeindeboten und in der Lokalpresse war zu lesen oder dass Randalierer am jüdischen Friedhof ihren Rauschzustand ausgetobt hätten. Niemand ging der Sache wirklich nach. Nur oberflächliche Ermittlungen fanden statt, alles verlief im Sande.

Was sollte er tun? Weiter nur zusehen oder endlich den Rat dieser ‚fehlgeleiteten deutschen Jugendlichen' befolgen und die Koffer packen? Jakob Salomon beschloss, seinen letzten Weg zu beschreiten. Er würde in den Hungerstreik treten, bis der Bürgermeister endlich ernsthaft dagegen etwas unternehmen würde.

Als er Levit von seinem Plan erzählte, war dieser ganz aufgeregt. Hungerstreik, jetzt, fünfzig Jahre nach Kriegsende?

„Und wenn ich sterbe, ich esse keinen Bissen mehr, bis die Zeitung die Wahrheit schreibt und die Täter gefasst sind."

„Aber Jakob, bedenke doch, wir sind nicht mehr die Jingsten. Lange halten wir das nicht durch."

„Du musst auch nicht mitmachen. Das ist meine Entscheidung, nicht deine."

„Glaubst du vielleicht, wir haben zusammen Theresienstadt überlebt, damit du jetzt alleine zu kämpfst?"

„Levit, Levit, es wird hart werden." Damit war das Gespräch beendet.

Am nächsten Tag stand in der Zeitung: ‚Alte Juden nach Anschlag auf Wohnhaus im Hungerstreik'.

„Alte Jidden", schimpfte Levit, „alte Jidden!" Hatte man damit sagen wollen, sie seien ihres Verstandes nicht mehr mächtig?

„Siehst du, das ist alles, was sie darüber schreiben. Es interessiert die Leite nicht."

„Noch nicht," sagte Jakob ruhig, „warte mal ab, wenn wir Ernst machen."

Levit hatte recht und Jakob hatte recht. Die ersten acht Tage ging alles weiter wie vorher. Dann hing Jakob Transparente an die Fenster und ans Tor. „Juden im Hungerstreik gegen den neuen Nationalsozialismus".

Erst kamen die Reporter der Lokalpresse, dann die überregionale Zeitung und schließlich die Rundfunkanstalt. Plötzlich klingelte das Telefon ununterbrochen.

„Aber Herr Salomon, sie wissen doch, wir tun, was wir können. Niemand hat die Leute jedoch gesehen."

„Herr Salomon, warum tun sie das ihrer Heimatstadt an? Sie sind doch hier zu Hause."

„Herr Salomon, wir haben sie doch wieder aufgenommen nach dem Krieg. Jetzt kennen wir uns schon das halbe Leben. Weshalb lassen sie zu, dass dieser idyllische Ort so beschmutzt wird?" Erstaunlich, wie viele Personen sich auf einmal ihrer entsannen.

In der dritten Woche brachten sie ihnen Nahrung ans Tor. Das Rote Kreuz klingelte und der Pfarrer sah nach ihnen. Im Namen Christi, sie sollten sich doch besinnen. Es würde alles Mögliche getan. Jakob war amüsiert. Soviel Besorgnis um zwei alte Juden.

Schließlich kam der Bürgermeister persönlich und dann zwei Tage später noch einmal zusammen mit dem Ministerpräsidenten. Dieses Bundesland sei weder ausländer- noch fremdenfeindlich. Er werde ein Gesetz verabschieden, das die Arbeit der Polizei erleichtern werde. Der jüdische Friedhof würde mit Kameras überwacht und sie beide erhielten das Bundesverdienstkreuz für ihren besonderen Mut.

Jakob zwinkerte Levit zu, grinste über beide Ohren und sagte spitzbübisch:

„Levit, weshalb bist du so unfreindlich zu unseren Gästen? Bring dem Ministerpräsidenten und dem Birgermeister ihre Zigarren und mach ihnen einen Wein auf. Darauf sollen sie anstoßen. Auf gute Freundschaft Birgermeister, auf langes Leben Ministerpräsident. Die Jidden megen alle Menschen."

Sie stießen miteinander an, die Presse machte Fotos und Jakob verabschiedete alle mit einem Mazel Tow. Zwei Tage später war zu lesen, dass die Täter, die den Anschlag auf die Träger des Bundesverdienstkreuzes verübt hatten, aufgrund einer Zeugenaussage gefasst wurden. Der Augenzeuge habe sich erst jetzt melden können, weil er in Urlaub gefahren war und nach seiner Rückkehr zum ersten Mal von dem Anschlag erfahren hätte.

Denkwürdig

Der Wehrmacht Tat gerät erst jetzt zur Bürde:
die dort gekämpft im Auftrag ihres Führers
vollbrachten manche Schreckenstaten eines Schürers,
den Tod im Blick, erhängt die Menschenwürde.

Und vor uns türmt der Totenberg als Hürde
und schweigt uns aus, er mahnt vom Rädelsführer
begang'nen Mord. Die Seele der Aufrührer
noch weiterhin tobt. Wer glaubte, heute würde

Erinn'rung läutern sieht sich genarrt aufs Neue.
Im Land des Grundrechts fehlt es einigen an Reue.
Die Spur führt uns zurück auf kahle Köpfe.

Der laute Knall, er sprengte auch die Töpfe,
die manche unbedacht mit üblen Worten füllten.
Des Anschlags Wucht die Strategien enthüllten.

Zum Anschlag auf die Wehrmachtsausstellung am 9.3.1999 in Saarbrücken

Das Fotoalbum

Die Sonne stand kurz vor dem Untergehen, als Esther vor ihrer Menorah hin und her wippte und betete. Eigentlich war es Frauen nicht auferlegt, die Gebetszeiten einzuhalten. Esther gehörte einer konservativen jüdischen Gemeinde an. Ihr Vater war der Gemeindevorsitzende und führte sie wie ihren Bruder in die jüdischen Gesetze und Traditionen ein. Sie feierte Bat Mitzwa vor acht Jahren.

Esther studierte Biologie in Saarbrücken, jetzt im vierten Semester. Jörg, Student der Chemie im achten Semester, lernte sie auf dem Faschingsball ihrer Universität kennen. Bisher hatte sie ihm verschwiegen, dass sie Jüdin war. Sie kannten sich erst acht Wochen. Die Verabredungen legte sie auf Wochentage, nicht auf Freitagabend oder Samstag. Jörg nahm daran keinen Anstoß. Am Wochenende fuhr er ohnehin zu seinen Eltern und die Beziehung war noch nicht so fest.

Am Mittwoch wollten sie sich treffen. Jörg hatte eine Fete in seiner Studentenwohnung organisiert und Esther wollte ihm bei den Vorbereitungen helfen. Esther war pünktlich, wie immer.

„Kannst du mal die Deko machen, ich muss Kurt anrufen und ihn an den Kuchen erinnern."

Esther drapierte die Luftschlangen, hing Laternen auf, stellte das Geschirr und die Gläser zurecht, wickelte das Besteck in Servietten ein und suchte nach Kerzenständern. Sie öffnete den Schrank, in dem Jörg seine ganze Habe verstaute. Eigentlich ganz schön unordentlich, dachte sie und kramte in den Regalen. Dabei fiel ihr ein Fotoalbum in die Hände. Sie nahm es zwischen den Wollsachen heraus und fing an zu blättern.

Alles Bilder aus Kindertagen, von Jörgs Eltern, Jörg spielend mit anderen Kindern, auf dem Arm seiner Mutter, ein Bild von einer Familienfeier. Jörg stand plötzlich hinter ihr.

„Wo hast du es gefunden? Ich hatte es schon vermisst."

„Na da, zwischen den Pullovern. Sag mal, hast du keine Kerzenständer?"

„Da muss ich selber suchen."

„Hast du eigentlich keine Geschwister?"

„Nein, ich bin der einzige Sohn meiner Eltern. Siehst du, auf diesem Foto hier spiele ich mit Großvater Krieg."

„Krieg? Habt ihr oft Krieg gespielt?"

„Ja, mein Großvater war ein angesehener Mann."

„Was hat er denn gemacht, dein Großvater?"

„Er war Fabrikant."

„So, so, dann stammst du ja aus einer wohlhabenden Familie. Wie heißt seine Fabrik?"

„Sie existiert nicht mehr."

„Ist sie zerstört worden?"

„Nein, aber sie wurde neu aufgebaut und umorganisiert. Großvater hat sich danach zurückgezogen."

„Weshalb? War er schon so alt?"

„Er wollte nach dem Krieg seine Ruhe haben."

„Was hat die Firma produziert?"

„Chemische Stoffe, Gase."

„Studierst du deshalb Chemie? Ist das die Familientradition?"

„Sozusagen. Mein Großvater hat damals einige chemische Stoffe entwickelt."

„Jetzt bin aber neugierig. Was hat er dann genau entwickelt?"

„Ein Gas, das damals viel gebraucht wurde."

„Ein Gas? Was für ein Gas? Es gab doch nur ein bedeutendes Gas bei Hitler. Was hat er entwickelt?"

Esther war unruhig geworden. Sie wollte jetzt wissen, mit wem sie es zu tun hatte.

„Ach, ist nicht so wichtig. So bedeutend war er nun auch wieder nicht."

Esther blätterte weiter im Fotoalbum. Bilder vom Großvater, mit Orden überhängt vor der deutschen Flagge mit dem Hakenkreuz.

„Was war dein Großvater? Offizier? War er vielleicht bei der SS oder sonst wo?"

Jörg spürte, wie gereizt und aggressiv Esther plötzlich war. „Weshalb willst du das wissen, sag mal. Waren deine Großeltern etwa nicht im Krieg?"

„Meine Großeltern? Meine Familie?" schrie Esther entsetzt. Sie hatte vergessen, dass Jörg nicht wusste, dass sie Jüdin war.

„Das kann ich dir sagen, was mit meiner Familie passiert ist. Vergast in Auschwitz. Nur meine Großmutter überlebte mit meinem Vater. Alle anderen Verwandten wurden umgebracht. Mit Gas, verstehst du, mit Gas!"

Esther war laut geworden, ihre Stimme bebte. Jörg wechselte die Gesichtsfarbe. „Ich kann dir nicht sagen, wer mein Großvater war, jetzt nicht mehr", stotterte Jörg.

„Warum jetzt nicht mehr? IG Farben, war das die Fabrik? Zyklon B, war das die Erfindung deines Großvaters?" Esther war fassungslos, Jörg brachte keinen Ton heraus. Esther blätterte die Seite um. Das Bild zeigte das Firmengebäude, Hitler vor dem Portal mit einigen gut angezogenen Herren. Esther starrte Jörg an.

„Ich hab doch niemand umgebracht! Was kann ich für den Erfolg meines Großvaters?"

„Den Erfolg deines Großvaters?"

„Ja, er konnte doch nicht wissen, was Hitler vor hatte?"

„Nein? Konnte er nicht?"

„Esther, liebe Esther, es tut mir leid, so entsetzlich leid. Ich würde nie einen Menschen umbringen, glaub mir, das könnte ich niemals tun!"

„Aber du bist stolz auf den Erfolg deines Großvaters, der mit dem Tod unseres Volkes Milliarden verdient hat!"

Esther legte das Buch auf den Tisch, nahm ihre Tasche und ging davon.

„Und käm das Kindlein heut zur Welt"

Wintermorgen am Staden

Am Staden raunt die Saar, verdampft Gespenster
und Bänke ducken sich in Strauchverstecken.
Es kugeln Hagebutten aus den Hecken.
Der Himmel öffnet kleine Wolkenfenster,

aus welchen Raureif rieselt, fällt. Wo längs der
verlassnen Ufer Enten Köpfe recken,
bevor sie schlingern durchs kalte Wasserbecken,
die Bahnen enger werden und begrenzter.

Das Eiskristall aus hohen Fronten fiel,
es unaufhörlich klirrt wie Harfenspiel
und Silberglanz verbreitet Winterkatechismen.

Welch' frohe Botschaft, wie schimmern Prismen,
erhellen Bilder, Wege aus der Nacht,
bis alles Dunkle ans Tageslicht gebracht.

Und käm das Kindlein heut zur Welt

Und käm das Kindlein heut zur Welt
im heiligen Saarbrücken,
das Standesamt hätt' es gezählt,
notfalls den Namen ausgewählt,
wenn's Stammbuch voller Lücken.
Und käm das Kindlein unbemannt,
wär der Erzeuger unbekannt,
niemand würd es bedrücken.

Und ging Maria hinterher
zum Amt für Gottes Gnaden,
für Wohnung, Kleidung und Verzehr
den Antrag stellen und noch mehr
in Formularen baden.
Und wär das Kind ohn' Unterhalt,
die zugewies'ne Wohnung kalt,
würd niemand sie einladen.

Und käm die Aufsicht ungefragt
vom Amt für alle Kinder
und hätt Maria dann gesagt,
dass sie es ganz alleine wagt,
das Amt wär Vaterfinder!
Und gäb den Namen sie nicht preis,
gäb es statt Vorschuss 'nen Verweis,
die Schmach wär nicht gelinder.

Und würd der Unterhalt gekürzt
vom Amt für Gottes Gnaden,
Maria wär in Not gestürzt,
auch wenn die Ärmel aufgeschürzt,
zur Arbeit vorgeladen.
Und wär der Lohn auch viel zu knapp,
von früh bis spät wär sie auf Trab,

Leben auf Zeittaktpfaden.

Und käm ein Mann wie Josef her
und würde sie umsorgen,
erführ' das Amt die ganze Mär,
der Tratsch der Nachbarn lastet schwer,
dem Amt blieb nichts verborgen.
So gäb es doch kein Elterngeld,
weil ohne Trauschein dies nicht zählt,
es blieben noch mehr Sorgen.

Nun sag, oh lieber Herre Christ,
ob dies in Deinem Sinne ist?

Die Adventsfeier

Oberbürgermeisterin: „Die Weberin soll reinkommen."

Frau Weber: „Guten Morgen Frau Oberbürgermeisterin."

Oberbürgermeisterin: „Guten Morgen Weberin. Ist für die Adventfeier alles vorbereitet?"

Frau Weber: „Ja, die Kerzen sind alle gekauft."

Oberbürgermeisterin: „Wie, welche Kerzen?"

Frau Weber: „Die Kerzen für die Adventsfeier."

Oberbürgermeisterin: „Weberin, wir können nur elektrische Kerzen brennen lassen, Brandschutzbestimmung!"

Frau Weber: „Der Umweltschutz, dachte ich, müsste in diesem Jahr vorgehen."

Oberbürgermeisterin: „Weberin, das geht nicht. Das ist gegen die Vorschrift!"

Frau Weber: „Ich halte mich lieber an die Nachschrift: Hier regierte die Oberbürgermeisterin mit den hellsten Köpfen."

Oberbürgermeisterin: „Also bitte, Weberin, was soll denn das?"

Frau Weber: „Soll in ihrem Nachruf vielleicht stehen, dass sie Energie verschwendet hätten? Stellen sie sich das vor, die Landeshauptstadt als Energiefresserin."

Oberbürgermeisterin: „Sie wissen genau, was uns die Brandschutzauflagen für Ärger machen. Der Umbau der HTW wird deshalb in die Geschichte eingehen."

Frau Weber: „Der Umweltschutz ist in diesem Jahr höher zu bewerten, seitdem das Schwedenkind Greta das Klima vergiftet."

Oberbürgermeisterin: „Die kleine Greta tritt für die Zukunft der Jugend ein."

Frau Weber: „Eben. Deshalb brennen an diesem Abend nur Kerzen. Stellen sie sich vor, Greta wäre hier."

Oberbürgermeisterin: „Das will ich mir nicht vorstellen."

Frau Weber: „Dann stellen sie sich vor, neben ihren Beschäftigten ständen auch deren Kinder."

Oberbürgermeisterin: „Die Adventsfeier ist doch kein heiliger Abend."

Frau Weber: „Seitdem sich die Kosten für den Neubau des Ludwigsparks verdreifacht haben, ist hier nichts mehr heilig."

Oberbürgermeisterin: „Da sehen sie es. Wir müssen uns an die Vorschriften halten, sonst fliegen uns die Brandschutzbestimmungen um die Ohren."

Frau Weber: „Anstatt dessen dann der Haushalt."

Oberbürgermeisterin: „Wieso Haushalt. Der ist doch genehmigt. Der kann uns nicht mehr um die Ohren fliegen."

Frau Weber: „Wenn die Zinseszinsen nicht mehr aufzubringen sind, brennt es nicht nur im Staate Dänemark."

Oberbürgermeisterin: „Wir werden eine Teilentschuldung bekommen. Das hat man mir in Berlin hoch und heilig versprochen."
Frau Weber: „Wenn denen in Berlin das Versprechen so heilig ist wie ihnen die Adventsfeier, geht uns der Strom sicher bald ganz aus."

Oberbürgermeisterin: „Wenn sie unbedingt sparen wollen, werden halt nur vier Adventskerzen brennen, elektrische wohlgemerkt."

Frau Weber: „Bei den vielen Heiligenscheinen wäre eine Festbeleuchtung auch völlig überflüssig."

Oberbürgermeisterin: „Heiligenscheine, wer hat denn hier einen Heiligenschein an?"

Frau Weber: „Alle, die Wasser predigen und Wein trinken."

Oberbürgermeisterin: „Gut, dann ist der Glühwein auch gestrichen. Sonst noch was?"

Frau Weber: „Eine Adventsfeier, bei der nur vier elektrische Adventskerzen brennen und es keinen Glühwein gibt, wird bei den Beschäftigten nicht sonderlich ankommen. Da werden wir wohl unter uns bleiben."

Oberbürgermeisterin: „Was zählt, ist das Angebot, nicht die Anwesenheit der Beschäftigten. So erfüllen wir unsere Arbeitgeberpflicht."

Frau Weber: „Wenn der liebe Gott nur seine Pflicht erfüllt hätte, wäre sein Sohn nicht zur Welt gekommen. Es gäbe gar kein Weihnachtsfest. Die Menschheit würde nicht erlöst werden."

Oberbürgermeisterin: „Also schön, zünden sie Kerzen an, schenken sie Glühwein aus und damit Sie Ruhe gegen, bestellen sie auch noch Schnittchen und Weihnachtsstollen. Um den Brandschutzbestimmungen zu genügen, soll die Feuerwehr vorsorglich ein paar Männer im Rathaus postieren und deklarieren sie das Ganze als vorgezogene Brandschutzübung. Dann haben wir diese bereits für das nächste Jahr abgehakt."

Frau Weber: „Schön und gut. Das Problem ist aber, dass die Feuerwehr unterbesetzt ist und wir dafür gar kein Personal haben. Die Zeitarbeiter können wir nur für Noteinsätze aktivieren und die Kollegen mit den befristeten Arbeitsverträgen haben wir alle in den Urlaub geschickt."

Oberbürgermeisterin: „Ist das so? Dann sichern sie den Zeitarbeitern und den anderen Feuerwehrleuten eine feste Anstellung zu. Ist das jetzt genug, Weberin?"

Frau Weber: „Das nenn ich eine umsichtige Politik, Vergnügen und Pflicht miteinander zu verknüpfen und daraus auch noch Kapital schlagen."

Oberbürgermeisterin: „Ich nenne das, zwei Fliegen mit eine Klappe schlagen."

Frau Weber: „Dann können wir also die offenen Stellen der Feuerwehr wieder fest besetzen und die befristeten Arbeitsverträge in feste umwandeln?

Oberbürgermeisterin: „Ja, in Gottes Namen. Veranlassen Sie alles. Die Genehmigung durch den Stadtrat holen wir in der nächsten Sitzung nach."

Frau Weber: „Mein Gott, die werden sich vielleicht freuen. Und erst deren Kinder und all die kleinen Gretas und Peters in Saarbrücken. Das nenn ich eine tolle Weihnachtsüberraschung. Diese Adventsfeier wird auch in die Geschichte eingehen."

Schneefall

Die Gärten gähnen morgens voller Leere,
wenn Nebel jedes Licht bekämpft, erdrückt.
Ein kleiner Rest der Sommervogelheere
am Boden unterm Strauch zusammenrückt,

um als gemischte Trupps sich zu schützen
vor Raubvögeln und andren Nahrungssuchern,
gemeinsam sie sich gegenseitig stützen,
wenn über Nacht Schneefall und Kälte wuchern.

Die Stadt jedoch versinkt im Frost und Glatteis,
der Hauptverkehr zockelt im Schritt ans Ziel,
und viele eilen hin zum nächsten Bahngleis.

Wer kann, zu Hause bleibt, lässt sich nicht zwingen.
allein vielen wird manches nicht gelingen.
Draußen erlahmt die Welt im Flockenspiel.

Das Weihnachtskonzert

Frau Strauß hatte sich zum Christkindlmarkt in Saarbrücken im Hotel Excelsior einquartiert und wollte weiter nach Wien. Um dort ein Hotelzimmer zu buchen, ruft sie den Portier an.

„Hallo, ist dort die Rezeption? Hier ist Frau Strauß, Zimmer dreizehn."

Am anderen Ende meldet sich Aushilfskellner Giovanni Calabrese, der nicht gut deutsch spricht und versteht.: „Ja, buon giorno, hier Giovanni Calabrese."

„Können Sie mir bitte in Wien ein Zimmer reservieren. Ich fliege morgen nach Wien. Am besten in der Stadtmitte in der Nähe des Stephansdoms."

„Olala, Sie warten, ich mussen in Buch sehen." Giovanni blättert im Gästebuch, das er für das Reservierungsbuch hält: „Es tun mir leid. Alles vollgeschrieben. Wir keine Zimmer freihaben, impossibile, ausgebucht. Iste Natale, Sarrbrucker Christkindlmarkt. Bitte Sie versuchen nach Weihnachten!" Er legt auf.

Frau Strauß wählt neu: „Hier ist noch einmal Frau Strauß, Zimmer dreizehn! Ich brauche ein Zimmer in Wien, nicht hier in Saarbrücken! Verstehen Sie mich? Was ist daran eigentlich fatal?"

„Oh, sie in Wien? Ich sie gut verstehn. Alle Sträuße kommen aus Wien. Küss die Hand gnä Frau. Das tun mir sehr leid, scusi, aber iste wirklich nix mehr frei. Natale. Wien wird bei Nachte auch schöner."

„Nein, ich bin nicht in Wien und komme auch nicht aus Wien, ich bin hier in Saarbrücken! Das ist nicht fatal, sondern normal. Verstehen Sie, ich möchte lediglich, dass Sie mir in einem Wiener Hotel ein Zimmer buchen!"

„Sehr wohl, grande Signora, sie gebucht für Wien. Aber hier ist nichte Wien, hier iste Sarrbrucken, Straußenfrau, iste molto bene, große Schloss, Ludwigskirche, alles Barockoko, wie Schloss Schönbrunn, äh, äh mir fahre auch mite Schiffche auf Saar, nicht auf Donau, hier viele Schwäne, nix Straußenvogel."

Frau Strauß wird ungehalten: „Das ist jetzt nicht ihr Ernst. Das weiß ich doch alles, ich habe doch hier ein Zimmer gebucht. Ich wohne hier."

„Sie bei uns gebucht? Viele schöne Schwäne, grande Signora!"

Jetzt wird Frau Strauß ärgerlich: „Ja mir schwant auch gleich etwas. Jetzt schlägt's gleich dreizehn. Ich wohne nämlich in Zimmer dreizehn!"

„Oh, gnä Frau, iste Zimmer nicht gut genug? Iste mit dreizehn Zahl unglucklich? Nix schlagen dreizehn. Iste nur Freitag. Morgen besserer Tag. Aber unsere Speisekarte iste imma belissima, fantastico, Pizza, Pasta, Wiener Schnitzel, Wiener Strudel. Alles Strauß, gnä Frau."

Frau Strauß versucht, sich zu beruhigen und sagt: „Es ist alles in Ordnung, ja, ja, aber ich fliege nach Wien zum Weihnachtskonzert in die Wiener Oper. Außerdem heißt das „Alles Walzer" beim Opernball, auch wenn alles von meinem Namensvetter Strauss ist."

„Oh, Wien, nixe Strauß? Iste bessa Opera buffa. Rigoletto." Giovanni fängt an zu singen: „La donna e mobile."

„Also bitte, Sie müssen schon mir überlassen, in welche Aufführung ich gehe. Sie können Guiseppe Verdi ja in Venedig im Teatro La Fenice bewundern."

„Nix für gut, grande Signora. Sollen ich Gepäck holen lassen für Flughafen? Iste schlechte Wetter morgen, Schneesturm, nix opera buffa, alles Walzer, Straußenvogel, sie mussen fahre mite Schiffche bis Donau, gnä Frau, wie Vogelhändler."

„Ich fliege aber morgen! Der Flug ist nicht abgesagt. So schlimm kann es also nicht sein. Und ich bin auch kein Vogelhändler!" Das letzte Wort kam ihr etwas ungestüm über die Lippen.

„Bene, sehr wohl, wie Sie meinen, ich verstehe, Giovanni nix gut, Freitag, der dreizehnte. Gute Nacht! Küss die Hand gnä Frau." Giovanni legt wieder auf.

Frau Strauß trinkt auf den Schreck erst ein Glas Wein und wählt dann neu: „Hier ist noch einmal Strauß. Ach bitte, buchen sie mir aber nur ein Zimmer mit Dusche oder Bad."

„Scusi, uno Momento." Herr Calabrese blättert wieder im Gästebuch. „Iste leider alles voll, Natale, Sarrbrucker Christkindmarkt, ausgebucht."

Frau Strauß glaubt, sich verwählt zu haben und fragt nach: „Spreche ich mit der Rezeption? Ich habe eben schon angerufen. Ich möchte kein Zimmer in diesem Hotel, weil ich schon eins habe, und zwar logiere ich in Zimmer dreizehn."

„Hier iste wieder nix gute Giovanni, gnä Frau. Ah, bene dass jemand will Freitag dreizehntes Zimmer, gutes Zimmer mit Bad". Er legt den Hörer beiseite und blättert weiter. „Signora, iste leider alle Seiten besetzt."

Frau Strauß wird jetzt ärgerlich: „Ja Herrschaftszeiten, dieses Zimmer belege ich doch schon seit einer Woche und morgen wird es frei!"

„Verstehe. Sie wollen nichte Zimmer 13, doch Angst vor munaciello, Geist kommt aber nur in Nacht. Vielleicht doch lieber anderes Zimmer?"

Frau Strauß empört sich: „Das darf doch nicht wahr sein. Nein, nun einmal ganz langsam zum Mitdenken, damit sie auch alles richtig verstehen. Ich, Frau Strauß, nicht Straußenvogel, und ich bin auch kein Vogelhändler, ziehe morgen hier aus und möchte am Samstag ein Zimmer mit Bad in Wien in der Nähe des Stephansdoms, weil ich Karten für das Weihnachtskonzert in der Wiener Oper habe und nicht für Rigoletto in Venedig! Außerdem singen sie denkbar schlecht, sie Möchtegern-Caruso."

Giovanni Calabrese fühlt sich nun ungerecht behandelt. Schließlich hatte er an seinem freien Tag die Vertretung für den Portier übernommen, damit dieser Urlaub machen konnte. „Olala, ich nix Caruso, aber singe in coro italiana immer Solo. Ihre Stimme iste auch nichte Callas, sie wie Krimhilde, Rheingold, iste auch untergegangen. Also wollen buchen für Samstag, nichte Freitag, der dreizehnte, gnä Frau?"

Frau Strauß bemüht sich um Höflichkeit: „Richtig, für Samstag."

„Gut. Dann ich mussen nachschauen." Er blättert wieder im Buch. „Signora mite Bad?"

„Ganz genau."

„Sie Gluck haben, Signora! Ich habe noch Seite, gefunden, munaciello hat wieder zuruckgebracht, Samstagmorgen Zimmer für sie frei! Sie sagen können zum Abschied Servus, gnä Frau."

Frau Strauß atmet auf: „Na, endlich! Das hat ja lange gedauert."

„Dreizehntes Zimmer morgen wird frei!"

Saarbrücker Christkindlmarkt

Einen Teller Dippelappes!
Haben Sie auch sauren Kappes
oder Hoorische mit Speck?
Lieber Rostwurst, weiß, mit Weck!

Quiche Lorraine zum Grauburgunder
machen einen auch nicht runder.
Heute achten viele Fürsten
dass Besucher niemals dürsten.

In den schmucken Weihnachtshütten
lagern Tassen in den Bütten.
Trotz der Sammler liebsten Freuden
woll'n sie Glühwein nicht vergeuden.

In den schmalen Seitengässchen
steh'n vor Kneipen hohe Fässchen
Stiefelbräu statt Glühweinschwips,
dazu nimm Kartoffelchips.

Vor dem Brunnen unterm Dach
stehen Bläser mannigfach.
Strömen Gäste durch das Tor,
tönt laut der Posaunenchor.

Mandarinen und Lebkuchen
findet man beim Stiefelsuchen
und die Kinder dreh'n noch schnell
eine Runde Karussell.

Kurz vor fünfe und um sieben
schwebt der Weihnachtmann von drüben
mit dem Rentierschlitten los
übern Markt, das ist famos!

Große, kleine Gäste staunen,
unterm Seil Murmeln und Raunen.
Dann gibt es hier in Saarbrücken
auf dem Marktplatz keine Lücken.

Nach den vielen Leckereien
lichten sich die Gästereihen.
Spät am Abend fliegen Engel
aus dem Weihnachtskneipen-Sprengel.

Nachts wachen die Ordnungskräfte
ohne all die Weihnachtssäfte.
Bis zum nächsten Marktbesuch
schwört der Gast den Treuespruch.

Die Nikolausverschwörung

Kommissar Martin wollte sich gerade in den Feierabend verabschieden, als eine dringende Meldung einging. „Mann mit weißem Bart im roten Mantel wegen Spionageverdacht festgenommen", stand auf dem Fax. Sein Telefon klingelte.

„Was gibt's?" brummelte Kommissar Martin.

„Noch ein Verhör wegen vermutlicher Spionage. Ganz eilige Meldung vom BKA", sagte Polizeihauptmeister Abendrot.

„Na, das ist wieder hervorragend. Ich wollte endlich einmal nach Hause zu meinen Kindern. Es ist Nikolausabend", zauderte Kommissar Martin.

„Tut mir leid. Ich hätte mir auch etwas Besseres gewünscht. Aber Anweisung von ganz oben. Terrorwarnung, du weißt schon. Also, ich geh schon mal vor, bis gleich." Polizeihauptmeister Abendrot beendete das Gespräch.

Kommissar Martin rief seine Frau an, was ihm arge Magenschmerzen verursachte. „Ja, hallo Schatz. Ich weiß, du wirst jetzt sicher enttäuscht sein", sagte er entschuldigend.

„Wieder etwas dazwischen gekommen? Es ist jedes Jahr dasselbe. Können die nicht mal an Nikolausabend Ruhe geben", sagte sie wenig verständnisvoll.

„Terrorwarnung. Da kann ich nicht anders. Hat der Weihnachtsmann für heute Abend zugesagt?".

„Ja, ja, alles in Ordnung. Sollen wir auf dich warten?" fragte seine Frau.

„Ich kann nicht einschätzen, ob die Lage ernst ist. Also wartet nicht auf mich. Ich muss jetzt los. Grüß die Kinder."

Er griff nach der Jacke und ging zum Verhörraum. Abendrot stand da und blätterte im Bericht. „Hier. Ich weiß nicht, was ich davon halten soll. Das ist alles möglich, aber es kann sich auch um einen Wichtigtuer handeln."

„Nun gut, lass uns hineingehen", sagt Kommissar Martin, nachdem er ebenfalls alles überflogen hatte.

Sie gingen hinein. Vor ihnen saß ein weißbärtiger Mann, schwer einzuschätzen, wie alt er war. Die Augen blitzten unter den buschigen Augenbrauen hervor, die leicht gerötete Haut hatte tiefe Kerben. Seinen roten Mantel hatte er noch an. „Können Sie sich vorstellen, weshalb Sie hier sind?" fragte er ihn.

„Ich, ich weiß es nicht. Seit Jahrhunderten fliege ich zur Erde. Noch niemals haben mich Abfangjäger am Weiterfliegen gehindert."

„Sie wurden vom Satellit Alpha Centauri gesichtet. Unsere Überwachung hat außerdem ergeben, dass sie immer auf dem Nordpol landen, deshalb sind sie hier", sagte Kommissar Martin.

„Was ist daran Besonderes?" wunderte sich der Festgenommene, „von dort starte ich jedes Jahr mit meinem Schlitten und den Rentieren, um den Kindern die vielen Briefchen zu beantworten."

„Briefchen, soso. Womöglich noch mit weißem Pulver! Sie geben also zu, sich unbefugt auf dem Nordpol herum zu treiben? Zeigen Sie mal Ihre Aufenthaltserlaubnis. Wer gibt Ihnen dort überhaupt Unterschlupf?" fragte der Kommissar.

„Aufenthaltserlaubnis brauche ich nicht. Ich bin überall auf der Welt zu Hause. Aber hier kenne ich nur meinen Knecht, den Herrn Ruprecht."

„Ruprecht, ein russischer Name. Welche Staatbürgerschaft besitzen sie denn, sie Weltbürger?"

„Ich verstehe nicht, Staatbürgerschaft? Was ist denn das? Ich kenne nur die Himmlischen Heerscharen, die fliegen übrigens das ganze Jahr über zur Erde. Allerdings starten die nicht am Nordpol." Er sah den Kommissar verständnislos an.

„Himmlische Heerscharen? Sie wollen mich wohl verkohlen." Kommissar Martin stemmte beide Händen auf den Tisch und sagte laut: „Meinen Sie das Flugheer der russischen Armee? Sind sie Russe? Haben Sie deshalb so viele Sterne auf ihrem Transportmittel?"

„Ich komme nicht aus Russland. Ich komme direkt vom Himmel. Fragen Sie doch die Himmlischen Heerscharen. Aber ich habe einen Verwandten in Russland." Der alte Mann sah auf den Boden, als hätte er etwas zu verbergen.

Polizeihauptmeister Abendrot übernahm: „Sie geben also zu, verwandtschaftliche Beziehungen zum russischen Staat zu unterhalten?"

„Väterchen Frost kommt aus Welikij Ustjug im Norden Russlands, circa tausend Kilometer nordöstlich von Moskau. Die Residenz von Väterchen Frost befindet sich im Wald, elf Kilometer von der Stadt Welikij Ustjug entfernt," sagte der Mann und fuchtelte währenddessen mit den Armen in der Luft.

Der Kommissar sagte zu seinem Assistentin: „Im Wald also. Deshalb können ihn unsere Satelliten nicht orten."

„Aber er ist ganz leicht zu erkennen," unterbrach der alte Mann die beiden. „Er trägt einen langen blauen Mantel mit Pelzkragen, einen breiten Gürtel wie ich und eine typisch russische Pelzmütze. Ein dicker Eiszapfen dient ihm als Wander- und Zauberstab. Er reist von Sibirien aus quer durch Russland in einer Pferdetroika und ist in Begleitung des Jungen Neujahr und seiner hübschen Enkelin Snegurotschka."

Polizeihauptmeister Abendrot schüttelte den Kopf: „Das wird ja immer interessanter. Klingt wie eine Verschwörung."

Er schrie: „Die Russische Armee bereitet wohl eine Invasion vor und sie sind der Anführer!"

Der Weihnachtsmann zuckte zusammen. „Das würde ich so nicht sagen. Es gibt noch den Nikolaus und Santa Claus."

Kommissar Martin griff wieder ein. „Sind das ihre Kontaktmänner? Von wo aus arbeiten die denn im Untergrund?"

„Na Nikolaus kommt von Myra aus Kleinasien und Santa Claus aus New York. Seine Rentiere heißen übrigens Dasher, Dancer, Prancer, Vixen, Comet, Cupid, Donner und Blitzen." Der alte Mann kam ins Erzählen.

„Blitzen, Blitzen. – Sind das Laserkanonen? Eine Weltverschwörung also!" Er drehte sich zum Polizeihauptmeister und fragte: „Weshalb hat uns der MAD nicht informiert? Wie soll man denn ein vernünftiges Verhör führen ohne Hintergrundinformationen?"

Polizeihauptmeister Abendrot erwiderte flüsternd: „Ich habe nur einen Bericht vom technischen Überwachungsdienst. Danach hat der Festgenommene keine Zulassung für sein Gefährt."

Der Weihnachtsmann, der dies trotzdem hörte, fragte: „Zulassung, was für eine Zulassung? Den Schlitten habe ich mithilfe der Engeln gebaut."

Kommissar Martin hakte ironisch nach: „Engeln? Nennt man jetzt die technischen Ausrüster Engel, wohl wie die vom ADAC, die blauen Engel, die sind auch alle falsch."

Der alte Mann erregte sich „Weiße Engel, bitteschön, wenn sie schon auf dem göttlichen Personal herumhacken müssen."

Polizeihauptmeister Abendrot schlug mit der Hand auf den Tisch: „Blaue Engel, weiße Engel, was spielt das für eine Rolle! Apropos ADAC. Wo ist denn ihre TÜV-Plakette?"

„Zulassung, TÜV-Plakette? Was meinen Sie denn damit?" Der alte Mann wirkte ratlos.

„Nun kommen Sie uns nicht als Unwissender daher. Bei Ihnen ist wohl alles vom Himmel gefallen? Es geht um technische Mängel an ihrem Fahrzeug, wenn man ihren Schlitten überhaupt so nennen kann", sagte Kommissar Martin.

„Tatsächlich sind wir alle Gesandte des Himmels", sagte er mit feierlichem Pathos in der Stimme und fuhr weiter: „aber wahr ist, dass der Schlitten nicht mehr so schnell fährt. Vielleicht hat ein Rentier etwas an seinen Hufen. Obwohl sie alle vor der Fahrt frisch beschlagen wurden. Rudolph kann es nicht sein. Seine Nase blinkt nach wie vor leuchtend rot."

Polizeihauptmeister Abendrot setzte nach: „Wie schnell fährt denn dieser Schlitten normalerweise?"

„Na achtzig", sagte der Alte bedächtig.

Kommissar Martin wurde wieder lauter. Er fühlte sich hinters Licht geführt: „Was, achtzig Stundenkilometer? Dann wären Sie ja Monate vom Nordpol aus unterwegs? Noch so eine Finte! Nun rücken Sie mal mit der Wahrheit heraus, sonst sitzen wir noch an Weihnachten hier."

„Da haben Sie recht. So viel Zeit habe ich nicht. Ich sollte das ganz schnell aufklären. Es sind Lichtjahre, achtzig Millionen, keine Kilometer. Wir rechnen nach der Sternenzeit. Die Ewigkeit ist weit!" Er faltete seine Hände vor seinem Bauch.

Polizeihauptmeister Abendrot drehte sich um und sagte zu seinem Kollegen gewandt: „Star Trek lässt grüßen. Also gibt es diese Geschwindigkeit doch! Wir müssen sofort den Militärischen Abschirmdienst informieren. Die Russen haben die Worpgeschwindigkeit entdeckt!"

„Ach, meinen Sie etwa diese dusseligen Zukunftsfilme der Enterprise. Vergessen Sie's! Ich habe aber einige Raumschiffe im Gepäck", sagte der Mann belustigt.

Kommissar Martin wiederholte: „Raumschiffe?" Zum Polizeihauptmeister sagte er: „Ich glaube, wir haben es hier mit einem Simulanten zu tun, mit einem Möchtegern James Bond. Oder vielleicht einer aus der Sendung ‚Verstehen Sie Spaß'. Kein Wunder, dass uns der MAD nicht informiert hat. Zum Weihnachtsmann gewandt sagte er nun ironisch: „Welchen Treibstoff verwenden Sie denn für die Raumschiffe?"

„Licht und heiße Luft."

Polizeihauptmeister Abendrot sagte zum Kommissar: „Alles klar. Der ist nicht ganz dicht." Er legte den Zeigefinger an die Stirn.

„Wissen Sie, die Kinder wünschen sich heute kleine Raumschiffe, um im Weltraum herum zu fliegen. Es reicht nicht mehr, ihnen Lebkuchen und Mandelherzen zu schenken", versuchte der Mann zu erklären.

Kommissar Martin wurde wieder laut: „Sie sind wohl der Weihnachtsmann?"

„Endlich kommen sie drauf. Das hat aber lang gedauert. Na, was soll ihnen der Weihnachtsmann schenken?"

Nun empörte sich auch Polizeihauptmeister Abendrot: „Am besten ein Feuerwehrauto, damit ich meinen Ärger wieder löschen kann."

Kommissar Martin setzte nach: „Aber nur eines mit Martinshorn."

Sie verließen beide den Raum. „Also, der hat nicht alle Tassen im Schrank. Wir lassen ihn laufen. Dafür hab ich nun die Familie allein gelassen. Also mach's gut. Schönen Nikolausabend."

Polizeihauptmeister Abendrot sagte: „Immer diese Spinner. Als wenn heute noch jemand an den Weihnachtsmann glauben würde. Also dann, bis nächste Woche. Schönen Gruß an die Familie."

„Der Mann kann gehen", sagte Kommissar Martin zu der Wache. Dann griff er zum Telefon und rief wieder seine Frau an: „Na, habt ihr schon angefangen. Ich bin jetzt gleich unterwegs."

„Nein. Der Weihnachtsmann ist noch nicht gekommen. Stell dir mal vor, es ist etwas Seltsames geschehen. Als die Kinder aus dem Fenster geschaut haben, um nach dem Nikolaus zu sehen, schneite es heftig und plötzlich stand auf dem Fenster: Bin von ungläubigen Polizisten aufgehalten worden. Rudolph strengt sich extra an, damit die Verspätung nicht zu groß wird. Und alles geschrieben aus Schneebuchstaben."

Das reumütige Rentier oder das Wunder von Saarbrücken

Im Dezember wartet in Saarbrücken seit etlichen Jahren auf kleine und große Kinder eine Sensation. Quer über den Markt in Sankt Johann fliegt während der Adventszeit der Weihnachtsmann mit seinem Schlitten und erzählt die Geschichte vom rotnasigen Rentier Rudolf. Alle hatten daran bisher eine große Freude. Rudolf aber sah dies mit Verdruss, denn es ärgerte ihn, dass er Jahr für Jahr für diese Belustigung herhalten musste. Schließlich hatte er sich seine rote Nase nicht selbst ausgesucht. In diesem Jahr wollte er deshalb dem Treiben ein Ende bereiten.

Schon Mitte November war die Baugesellschaft damit beschäftigt, das Gerüst für die Hochseilakrobatik aufzubauen, um das Seil, das über den Markt gespannt werden sollte, sicher verankern zu können. Rudolf hingegen suchte im Himmel nach Engeln, die ihm helfen sollten, dieses Vorhaben zu unterbinden, damit die Show erst gar nicht stattfinden konnte. In der Nacht, wenn Saarbrücken in tiefem Schlummer lag, reiste Rudolf mit seinen Engelhelfern in die besagte Stadt, um die Vorarbeiten wieder zurückzubauen und den Bolzen, der das ganze zusammenhielt, wieder zu entfernen.

Am ersten Morgen nach der Engelnachtarbeit dachten sich die Bauarbeiter nichts dabei. Vielleicht hatten sie den Bolzen ja noch nicht befestigt gehabt. Doch nach der dritten Nacht wuchs die Vermutung, dass es sich um Sabotage handeln müsste. Merkwürdig war auch, dass der Bolzen immer frisch gereinigt neben der Bodenplatte lag. Eisendiebe konnten es also nicht gewesen sein.

In der vierten Nacht sollte die Polizei das Gerüst bewachen, um die dreisten Täter dingfest zu machen.

Kommissar Martin betrachtete es als Ehre, dem fliegenden Weihnachtsmann auf die Sprünge zu helfen. Polizeihauptmeister Abendrot durfte natürlich nicht fehlen. So standen die beiden seit zwanzig Uhr hinter einem Hochhaus auf der Lauer, um das Gerüst zu beobachten.

Es wurde kalt und Kommissar Martin sagte: „Ich setze mich für eine halbe Stunde in den Wagen, da ist es etwas wärmer. Wir wechseln uns nach dreißig Minuten ab." Polizeihauptmeister Abendrot nickte und blieb alleine auf seinem Wachposten zurück.

Die Nacht war klar und das Sternenfunkeln gut zu beobachten. Die Mondsichel stand hoch über dem Sankt Johanner Markt. Gegen Mitternacht meinten sie zu sehen, dass sich vor den Mond ein kleiner Schatten gelegt hätte. Die beiden waren sich ihrer Sache aber nicht ganz sicher. Von einer Mondfinsternis war ihnen nämlich nichts bekannt, auch nicht von einer teilweisen Mondverdunklung. Dann spürten sie, dass ihnen ein leichter Wind um die Nase fuhr, ein kurzes Huschen nur und alles war wieder ruhig. Sie dachten sich nichts dabei. Gegen vier Uhr morgens beendeten sie die Schicht und meldeten eine ruhige Nacht.

Als die Bauarbeiter gegen acht Uhr kamen, um weiter zu arbeiten, lag am Boden jedoch tatsächlich wieder der fein säuberlich gereinigte Bolzen und die ganze Arbeit des Vortages musste wiederholt werden. Das ging die halbe Woche so weiter, der Mond verdunkelte sich um Mitternacht für einen kurzen Moment und ein leichter Wind wehte. Kommissar Martin war ratlos. Die ganze Observation brachte nichts als schlaflose Nächte. Kein Dieb war zu sehen, nicht einmal ein Auto fuhr abends noch vorbei. Wie nur konnte sich jemand so still um sie herumschleichen, auf das Gerüst klettern und die Vorrichtungen wieder zurückbauen. Es müsste doch Lärm erzeugen, wenn man den Bolzen aus der Verankerung zog, auch wenn das Teil eingeschmiert war. Weiß der Himmel, wie dies zustande kam!

Die Presse hatte bereits davon Wind bekommen und berichtete über das Phänomen von Saarbrücken. Mittlerweile bekamen die Polizeibeamten Gesellschaft von Journalisten. Diese lagen nun ebenfalls auf der Lauer, um die nächtlichen Heinzelmännchen zu erwischen, bewaffnet mit riesigen Objektiven.

Nikolaus sah mit Sorge auf Saarbrücken herab und befürchtete einen Massenauflauf. Seine beiden Bekannten wurden von Tag zu Tag griesgrämiger, weil sie den Fall nicht lösen konnten. Rudolf störte dies wenig, denn er wollte vor allem nicht wieder belächelt werden. Die Menschen sollten sich gefälligst eine andere Witzfigur aussuchen.

Es kam, wie es kommen musste. Der Weihnachtsmann aus Saarbrücken, einer der vielen Stellvertreter von Nikolaus auf Erden, würde in diesem Jahr die Geschichte mit dem rotnasigen Rentier nicht erzählen können, weil das Gerüst nicht fertig wurde, geschweige denn, das Seil sicher zu spannen gewesen wäre.

Auch wenn es in allen örtlichen Zeitungen stand, dass der Weihnachtsmann wegen Sabotage in diesem Jahr nicht fliegen konnte, kamen zur Eröffnung des Christkindlmarktes trotzdem zahlreiche Familien mit Kindern aus nah und fern. Die Oberbürgermeisterin begrüßte die Besucher, das Polizeiorchester spielte „Morgen kommt der Weihnachtsmann". Der Regionalverbandsdirektor sprach ein Grußwort und dann wartete die Menge auf das Ereignis. Als die Oberbürgermeisterin erklärte, dass der Weihnachtsmann nicht fliegen würde, ging ein dunkles Raunen über den Sankt Johanner Markt, so traurig, dass Rentier Rudolf selbst traurig wurde.

Voller Reue und Schuldgefühle klopfte Rudolf an die Tür des Weihnachtsmannes, der das Geschehen die ganze Zeit verfolgt hatte und sagte: „Heiliger Nikolaus, ich habe einen großen Fehler gemacht. Ich habe den

Kindern und den Familien die Weihnachtsfreude genommen. Wie kann ich das nur wieder gut machen?"

„So, so", sagte der Weihnachtsmann, ich hatte schon befürchtet, dass du aus falsch verstandenem Stolz nicht um Hilfe bitten würdest. Wie du siehst, Rudolf, ist deine rote Nase wichtig für die Kinder. Dass dein Aussehen den anderen auffällt, bedeutet ja nicht, dass sie dich nicht mögen. Sie lächeln zwar über dich, aber sie lachen dich nicht aus. Sie staunen nur darüber und haben sogar ihre Freude daran. Nun will ich sehen, wie wir den Schaden wieder gut machen können". Er rief seine Arbeitsengel zu sich und beauftragte sie damit, in der Nacht das Gerüst fertigzustellen, das Seil zu spannen und sicher zu verankern. Dann rief er Rudolf zu: „So, du kommst jetzt mit mir. Als Strafe musst du heute den Schlitten alleine ziehen und beeil dich, damit wir noch rechtzeitig den Sankt Johanner Markt überfliegen können." Rudolf fiel ein Stein vom Herzen, legte sich das Geschirr an und rannte wie ein Blitz durch die Milchstraße, dass sogar die Sterne Platz machten.

Die Besucher wollten sich gerade auf den Heimweg begeben, als der Mond, aus dem in den letzten Tagen mittlerweile ein Halbmond geworden war, sich plötzlich verdunkelte und nach einer knappen Sekunde wieder erhellte. „Oh", raunte die Menge voller Furcht, denn sie dachten in dem kurzen Moment der Dunkelheit, dass die Welt untergehen würde. Dann fuhr ein Blitz mit einem Lichtstreif durch den Nachthimmel, der wie eine Sternschnuppe aussah und immer näherkam.

Plötzlich tauchte hoch oben ein hell erleuchteter Schlitten auf, in dem der Weihnachtsmann saß und ihnen zuwinkte. Nur ein einziges Rentier zog den Schlitten, dessen Nase hellrot leuchtete. „Seht doch, das ist das rotnasige Rentier. Rudolf gibt es ja wirklich." Ein Freudenschrei hallte hinauf in den Himmel. Alle Kinder begannen zu winken und riefen: „Rudolf, Rudolf".

Der Weihnachtsmann drehte eine Schleife und flog ziemlich dicht über Kommissar Martin und Polizeihauptmeister Abendrot vorbei. Er winkte ihnen zu und nickte.

„Ich könnte schwören, dass dies der selbst ernannte Weihnachtsmann ist, den wir letztes Jahr wieder haben laufen lassen", sagte Polizeihauptmeister Abendrot.

Kommissar Martin meinte: „Du hast recht. Der sieht ihm verdammt ähnlich."

Dann war das Ereignis schon wieder vorbei. Der Weihnachtsmann verschwand mit seinem Schlitten genauso schnell, wie er gekommen war. Noch einmal wurde der Mond für den Bruchteil einer Sekunde dunkel.

Die Oberbürgermeisterin nutzte die Gelegenheit und sagte: „Nun, liebe Saarbrückerinnen und Saarbrücker, liebe Gäste aus nah und fern, ich glaube, man hat mich falsch informiert. Der Weihnachtsmann wird wieder fliegen."

Wie durch ein Wunder fanden die Bauarbeiter am nächsten Morgen ein fertig montiertes Gerüst und ein gespanntes Seil vor. Nach einem Sicherheitscheck fuhr der Testfahrer die Strecke ab und erklärte sie für gefahrenlos und betriebsbereit.

In der Zeitung berichtete man in der Republik vom Nikolauswunder von Saarbrücken. Die Kinder aber hatten eine doppelte Freude. Denn in diesem Jahr waren alle aufgehängten Stiefel am nächsten Morgen prall mit Geschenken gefüllt.

(Ob sich dies tatsächlich so zugetragen hat, weiß allerdings nur der Heilige Nikolaus.)

Glöckchen und Kerzen

Im Regal des Supermarktes
standen alle sie voll Stolz,
Glocken, Kerzen und Lametta,
Schaukelpferdchen, rot, aus Holz.

Im Advent kamen die Leute,
kauften unermüdlich ein.
Nur die Kerzen in der Ecke
lagen da, nicht mein, nicht dein.

Heiligmorgen war's geworden,
noch ein goldnes Glöckchen hier
und die Kerzen in der Ecke
für den Kranz von eins bis vier.

Langsam leerten sich die Räume,
ganz zum Schluss wurd' abgesperrt.
Und die Chefin sah durchs Fenster
ins Regal, das nicht geleert.

Nutzlos fühlten sich die Kerzen
in der Packung hinter Glas,
auch das Glöckchen schluchzte leise,
hatten keinen Weihnachtsspaß.

Sollen wir denn gar nicht brennen,
heulten alle Kerzen auf,
und das Glöckchen schlug voll Kummer
seinen kleinen Schlegel auf.

Plötzlich stand da vor dem Fenster
eine alte Frau und staunte,
und die Chefin sah verhohlen
nach der Frau, als leis es raunte:

„Glöckchen mag ich, Kerzen hab ich
keine mehr für meinen Kranz.
Ach ihr lieben Weihnachtgaben
gerne hätte ich euch hätt ganz."

Da erglühten alle Kerzen,
gold'ner noch das Glöckchen glänzte.
„Ach", bangte die alte Dame,
„ob sie einer mir kredenzte?"

Da schloss auf die Frau des Hauses
das Geschäft, ging hin zum Stand.
„Warten sie", flüstert sie leise,
Kerzen, Glöckchen in der Hand.

Gab sie der alten Frau und sagte:
„Ich hab für sie noch ein Geschenk."
„Oh, das ist aber wirklich gütig,
an Sie an Weihnachten ich denk."

So brannten alle Kerzen fröhlich,
hellauf 's Glöckchen lieblich klang.
Und war ein wunderheilig Singen,
das durch Saarbrücker Straßen drang.

Seife in Aspik

Die Rollen vertauschen an Weihnachten! Herrgott noch einmal, hätte ich mich doch darauf nicht eingelassen. Gregor wollte dieses Jahr kochen und den Weihnachtsbaum schmücken. Ich sollte dafür einkaufen gehen. So würden wir uns nicht in die Quere kommen, keine Diskussionen über den Standort des Weihnachtsbaumes, die Größe, die Glocken, wie viel Lametta... . Na ja, wir meinten es ja alle immer nur gut. Das Menü hatten wir gemeinsam ausgesucht. Es fehlte nur noch der Fisch. Bestellt war er schon.

Also einkaufen, rausfahren, im Stau stehen. Alles hupte, Fußgänger liefen einfach quer über die Straßen, Ampelordnung adé! An Heiligmorgen sollte man nicht einkaufen gehen. Aber das war mein Beitrag zum friedlichen Fest. Ich hatte keine Wahl. Der frische Fisch musste abgeholt werden. Er war der letzte Punkt auf meiner Agenda. Die Pute, nicht tiefgefroren und in der Truhe, nein, sie lag im Kühlschrank, wohltemperiert!

Jetzt mach doch, Herrgott das schafft doch jeder. Nein, dieser Banause! Und da sagt man, Frauen könnten nicht einparken. Vielleicht parkte das Auto sogar selbständig, automatisiert, digital gesteuert. Ja, die Technik will jedoch auch nicht immer so, wie sie soll. Letztes Jahr kaufte ich einen elektrischen Nussknacker, ein Verkaufsschlager. Was geschah? Er schnappte nur einmal zu, fing an zu vibrieren, als wollte er das Nussknacker-Ballett tanzen... und kippte um. Aus war's, vorbei! Gott sei Dank hatte ich den alten aufgehoben.

Also bitte, das geht doch, das Lenkrad nur dreiviertel einschlagen, mein Gott, hinter mir hupte es schon wieder, ja, ja! Was konnte ich dafür, dass es so lange dauerte. Endlich stand der Wagen korrekt in der Parklücke, ich konnte den nächsten freien Parkplatz ansteuern. Nun gut, also die Taschen einstecken und der Zettel, auf in den Kampf! Nummer eins: Geschenk für Christian abholen, Fotoladen, dann Omas Seife kaufen. Sie liebte nach wie vor feste Seifenstücke, am liebsten herrlich duftend. Dieses Jahr nach Veilchen, Maiglöckchen gab es schon an Ostern. So, Geschenkpapier, ach was, das vom letzten Jahr müsste noch ausreichen. Die Uhr für Gregor und zum Schluss den Fisch abholen. Gregor kochte ein Fünf-Gänge-Menü mit Forelle blau. Hm!

Zuerst also der Fotoapparat. Christian hatte ihn sich ausgesucht, wusste aber nicht, dass ich ihn tatsächlich bestellt hatte. Genau vor zehn Jahren drehte sich auch alles um einen Fotoapparat, genauer gesagt, um eine Minikamera. Wir fuhren nach Hofgastein, weg von dem Trubel, einfach mal den Winter genießen und sich an einer reich gedeckten Weihnachtstafel niederlassen. So zumindest war es geplant. Bilder wollten wir nach Haus schicken von dem Menü, dem Hotel, von uns an unsere Eltern, als Weihnachtsgruß, das hatten wir hoch und heilig versprochen. Aber die Kamera des Smartphones ging nicht und nicht nur das. Es hatte keinen Strom und ließ sich auch nicht aufladen. Was war das für eine Aufregung, den Eltern zu erklären, dass wir trotz modernster Technik keine Bilder senden konnten. Seither haben wir es nur noch selten gewagt, über Weihnachten zu verreisen. Wie schon gesagt, alles Technik oder was?

Viel Gedränge, durch das ich mich zwängen musste. Eine Rempelei nach der anderen, bis zum Eintritt ins Fotogeschäft. Da stand ich nun geduldig wartend in einer kleinen Schlange. Die Türglocke bimmelte. Ein Verkäufer stürzte in den Nebenraum und kam mit einem wunderschön dekorierten Paket zurück.

„Kommen Sie hierher", rief er der Kundin an der Tür zu. War das oder doch nicht? Doch, sie war's! Die Parteivorsitzende der Opposition.

„Ist das recht so?" fragte der Verkäufer hinter der Theke.

„Sehr hübsch, ja wirklich, sehr, sehr hübsch. Da muss ich mich ganz herzlich für den Service bedanken. Max wird sich vielleicht freuen." Ja, ja, denke ich, Christian auch, wenn es denn voran ginge. Oppositionsführerin müsste man sein, dann hätt ich mein Geschenk schon.

Gregor stellte bestimmt gerade den Baum auf. Ob er das hinbekommt? Ohne mich? Ohne Hilfestellung, ob der Baum nach links, oder doch ein wenig nach rechts? Bestimmt mussten Äste gekürzt werden für die Christbaumspitze.

Die Dame vor mir war dran. Sie wusste nicht, was sie wollte, Himmel noch einmal! Konnte sie sich das nicht vorher überlegen. Ob die Spitze noch ganz oder schon zu Bruch gegangen war? Eigentlich wollte ich ja eine neue besorgen. Aber dieses Jahr hatte ich das nicht zu entscheiden! Leider!

Ich war an der Reihe. Der Verkäufer überreichte mir das Paket. Es war ebenfalls sehr schön hergerichtet. Bei der Verpackung gab es wohl keine Unterschiede zwischen der Kundschaft. Vor Gott sind die Menschen alle gleich und im Fotoladen wenigstens bei der Verpackung! Vielen Dank auch dafür, es ist wirklich sehr ansprechend, ja, ja. Schöne Filmtage, ein frohes Fest. Bis zum nächsten Mal. Geschafft! Und einen guten Rutsch. Nein, das konnte ich nicht wirklich gebrauchen, Schnee und Eis, es war Gott sei Dank nichts gemeldet!

Nun in die Parfümerie, Duftseife aussuchen. Edel sollte sie sein, mit cremigem Schaum und pflegend! In der Parfümerie wurde man kostenlos geschminkt. Schade, keine Zeit. Nach mehreren Duftproben entschied ich mich für ein Veilchen-Markenprodukt. Das würde meiner Mutter bestimmt gefallen. Sie liebte Veilchen. Der Garten meiner Kinderzeit war übersät mit Veilchen. Wie der Veilchenteppich von Hera und Zeus. Jedenfalls hat ihn Homer so beschrieben. Veilchenlikör setzte Mutter aus den Blüten an. Jeden Sonntag gab es zum Abschluss des Mittagessens ein Gläschen Veilchenlikör.

Vater trank lieber ein Gläschen Cognac oder auch zwei. Selbst der Hochzeitsstrauß war voller Veilchen. Meine Mutter war eine schöne Braut. Aber sind nicht alle Frauen, die heiraten, voller Anmut und Schönheit im weißen Kleid. Veilchenduft, die junge, unschuldige Liebe! Drei Stück in einer luxuriösen Schachtel verpackt. Sie rochen durch die Verpackung hindurch, so intensiv war der Veilchengeruch.

Zurück auf der Bahnhofstraße blies ein heftiger Wind. Gut, dass ich den Mantel angezogen hatte und nicht die selbstgestrickte Weste. Was waren das noch für Zeiten, als das Geld hinten und vorne nicht reichte. Alle Geschenke wurden selbst gemacht, fast alle. Für Gregor hatte ich einen Norwegerpullover gehäkelt, jawohl, gehäkelt! Jahrelang hatte er ihn getragen, jetzt lag er im Karton auf dem Dachboden. Auch gut verpackt. Man kann ja nie wissen! Was dieser Pullover nicht alles erlebt hatte. Unser Winterurlaub in Südtirol mit unserem Verein, auch über Weihnachten. Schön kalt war's und Gregor im Häkelpulli, ein Hingucker, auch wenn er das gar nicht abhaben konnte. Es war so kalt, dass die Eisskulptur des Brunnens auf dem Marktplatz von Nacht zu Nacht anwuchs bis zu einer imposanten bizarren Skulptur. Am Heiligmorgen brachte der Nikolaus den Gastkindern, so sie angemeldet waren, ein Geschenk. Unseren Christian rief der Tiroler Nikolaus erst ganz zum Schluss auf. Italienisches Konfekt, Äpfel und Lebkuchen. Christian freute sich. Ein wenig jedenfalls. Ich mich auch, denn ich liebe diese Süßigkeiten. Wir waren die letzten Touristen auf dem Marktplatz.

Vor der Bescherung versammelten wir uns im großen Saal, na ja, groß ist vielleicht etwas übertrieben, aber groß genug für die mitgereisten Vereinsmitglieder und Familien. Einige der Mütter waren beruflich als Erzieherinnen beschäftigt und hatten mit den Kindern Gedichte und Lieder einstudiert. Alle waren gespannt, ob ihr Kind oder Kinder – manche waren mit der ganzen

Familie mitgefahren, Oma und Opa einbegriffen - auch laut und deutlich genug vortrugen. Ganz hinten konnte man jedoch nichts mehr verstehen. Mikrophone gab es keine. Aber Tränen, weil ein kleines Töchterchen kein Geschenk bekam, aber der Bruder. Die Mutter hatte vergessen, es in den Koffer zu legen.

Ich muss zugeben, dass ich das Geschenk auch zu Hause hatte liegen lassen, weshalb ich aber am Vortrag alle Läden abgeklappert und schließlich ein geometrisches Legespiel gekauft hatte als Trostpflaster bis zur Bescherung zu Hause. Was haben wir gelacht in dieser heiligen Nacht. Alte und Junge, alle Generationen miteinander. So schön kann Weihnachten sein!

Erstaunlich, dass heute so viele junge Leute unterwegs waren. Ach ja, es gab eine neue Unsitte, sich am Vormittag des Heiligmorgens zu betrinken, um die Bescherung und die Familie besser aushalten zu können. Die Bescherung hatten jedoch die Mütter, welche die jungen Weihnachtsfeierer entweder ins Bett bringen oder sie wachhalten mussten, bis alles vorbei war. Jede Generation entwickelte ihre eigenen Strategien, wie sie ihre Familien bestenfalls aushalten oder tyrannisieren können. Gott sei Dank liebte Christian Weihnachten. Die Nachbarin musste schon einmal den Notarzt rufen, Alkoholvergiftung!

Beim Juwelier war wenig Betrieb. Ich bekam mehrere Uhren vorgelegt, eine mechanische zum Aufziehen, eine mit Batterie und eine mit selbstaufziehendem Uhrwerk. Ich entschied mich für eine Uhr von Tissot mit Batterie. Silberarmbad, das würde Gregor gefallen.

„Hallo Frau Müller, auch noch unterwegs?"

„Ja, auf den letzten Drücker. Und Sie? haben Sie schon alles?"

„Noch einen Gang ins Fischgeschäft, dann ist alles erledigt."

„Dann will ich sie nicht länger aufhalten. Frohe Weihnachten", sprach's und verschwand in der Menge.

„Frohe Weihnachten", rief ich hinterher. Immer auf Zack, die Gute. Vom Glück vernachlässigt, frühe Heirat, Scheidung, ein neuer Anlauf, zwei Kinder, beide im Ausland tätig. Es kriselte wieder in ihrer Ehe, man munkelte von einer Liebschaft des Gatten. Sie umging jedes Gespräch darüber mit ihrem Mann. Wie lange das wohl noch gut gehen würde. Überall musste sie auch dabei sein, in wer weiß wie viel Vereinen sie ein Ehrenamt hatte. Nur wenige Abende war sie zu Hause und der Gatte allein. Nicht jeder konnte damit umgehen.

Aber waren wir nicht alle auch mal allein, fühlten uns allein gelassen oder mitunter auch mal einsam? Heute wollte ich nicht weiter darüber nachsinnen. Ich hatte keine Zeit, um in Problemen zu versinken. Gregor würde die Uhr sicher gefallen. Er liebte Silber. Wenn nicht, könnte ich zur Not auf den Dachboden klettern und den Häkelpullover wieder auskramen.

Noch den Fisch abholen. Nun stand ich tatsächlich richtig an. Es ging zwar flott, weil die meisten vorbestellt hatten. Aber die Schlange war lang. Forelle blau, ob wir danach auch blau sein würden vom vielen Riesling, dem köstlichen Veilchenlikör oder dem süffigen Glühwein? Bis zur Alkoholvergiftung würde es sicher nicht kommen. Die Seifenstücke dufteten weiter intensiv durch die Schachtel, Veilchen im Fischgeruch, das war wie Seife in Aspik, schoss es mir durch den Kopf. Ich musste lächeln bei der Vorstellung, was es doch alles so geben könnte, nein, so ein Unsinn. Aber Veilchen in Aspik, sie waren ja essbar. Selbst meine Mutter war nie auf diese Idee gekommen! Obwohl sie viele Veilchen-Rezepte ausprobiert hatte. Die Vorstellung von der Seife in Aspik ließ mich nicht mehr los.

„Was hatten Sie bestellt, Frau Weber?" fragte mich Gabriele hinter der Theke.

„Seife in Aspik", hörte ich mich sagen. Alle stutzten zuerst, dann kicherten sie.

„Ach, so ein Unsinn, nein nein, Forelle blau bitte."
Wieder kicherte es um mich herum.

„Blau wird die Forelle erst beim Kochen", meinte
Gabriele, „ich bin auch schon ganz durcheinander, Frau
Weber."

„Entschuldigung, bitte, ich hatte drei Regenbogenfo-
rellen bestellt", sagte ich. Wie peinlich so ein Verspre-
cher, da macht man sich im Handumdrehen zum Ge-
spött der Leute. Und das am Heiligmorgen. Dabei, ich
schwöre es, hatte ich nichts getrunken, wirklich gar
nichts, noch nicht einmal ein Gläschen Veilchenlikör.

Silvestergeburtstag oder Anton und das Fräulein von Hohenstein

Fräulein von Hohenstein, ein wohlhabendes Fräulein der gehobenen saarländischen Gesellschaft, feiert im Dezember zur Jahrtausendwende ihren neunzigsten Geburtstag. Da ihre Freunde nicht mehr leben, feiert sie imaginär mit den gegenwärtigen Persönlichkeiten aus Kultur, Wirtschaft und Politik, wobei Hausdiener Anton in die jeweiligen Rollen springt. Hausdiener Anton deckt den Tisch. Als er fertig ist, kommt Fräulein von Hohenstein die Treppe hinunter und geht an den Tisch.

Sie: "Anton?"

Er: „Fräulein von Hohenstein, guten Abend."

Sie: "Guten Abend, Anton."

Er zieht den Stuhl vor.
Er: „Sie sehen heute Abend aber bezaubernd aus, Fräulein von Hohenstein."

Sie setzt sich hin.
Sie: „Ich fühle mich heute Abend schon viel besser, Anton."

Er schiebt den Stuhl zurück.
Er: „Das freut mich sehr, Fräulein von Hohenstein."

Sie: „Ich muss sagen, Anton, es sieht wieder sehr schön aus, wirklich, das haben sie sehr schön hergerichtet."

Er: „Vielen Dank, Fräulein von Hohenstein, haben sie vielen Dank."

Sie: „Sind alle gekommen, Anton?“

Er: „In der Tat, sie sind alle hier, ja, ja. Sie sind alle zu ihrem Jahrestag gekommen, Fräulein von Hohenstein.“

Sie: „Sitzen alle auf ihren Plätzen?“

Er: „Alle sitzen auf ihren Plätzen wie immer, Fräulein von Hohenstein.“

Sie: „Herr Ackermann von der Deutschen Dank?“

Anton geht an den Sitzplatz rechts von ihr.
Er: „Er sitzt hier, Fräulein von Hohenstein.“

Sie: „Herr Schildknecht vom saarländischen Staatstheater?“

Anton geht einen Sitzplatz weiter.
Er: „Herr Schildknecht sitzt hier, Fräulein von Hohenstein.“

Sie: „Direktor von Boch von der Porzellanmanufaktur Villeroy und Boch?“

Anton geht um den Tisch herum.
Er: „Direktor von Boch sitzt hier an der Seite, Fräulein von Hohenstein.“

Sie: „Und mein napoleonischer Freund, Herr Lafontaine von den Sozialdemokraten?“

Anton geht einen Sitzplatz weiter.
Er: „An ihrer linken Seite, Fräulein von Hohenstein.“

Sie: „Danke Anton. Dann können sie die Suppe servieren.“

Er: „Die Suppe, vielen Dank Fräulein von Hohenstein. Sie warten alle schon auf sie. Einen kleinen Apéritiv zur Suppe, Fräulein von Hohenstein?"
Anton geht zum Buffet und serviert die Suppe.

Sie: „Ich denke, wir trinken Sherry Anton."

Anton geht zum Buffet und nimmt eine Flasche Sherry in die Hand.
Er: „Sherry zur Suppe, gut Fräulein von Hohenstein. Bei der Gelegenheit: machen wir es wie im letzten Jahr, Fräulein von Hohenstein?"

Sie: „Ja Anton, wir machen es wie jedes Jahr."

Er: „Gut, machen wir es wie jedes Jahr, Fräulein von Hohenstein."
Anton geht um den Tisch und gießt allen ein.

Sie: „Ist der Sherry trocken, Anton?"

Er: „Ja, ein sehr trockener Sherry, Fräulein von Hohenstein, ein sehr trockener. Genau so trocken wie heute morgen der Sonnenaufgang."

Sie hebt das Glas.
Sie: „Herr Ackermann! Auf die niedrigen Zinsen."

Anten geht an den Sitzplatz rechts von ihr und hebt das Glas.
Er: „Auf ihr Wohl, Fräulein von Hohenstein. Auf die Aktien."

Beide trinken. Anton geht an den nächsten Sitzplatz. Sie hebt das Glas.
Sie: „Herr Schildknecht! Auf die Musik!"
Er hebt das Glas.
Er: „Auf ihre besonderen Rosen, Carmencita."

Beide trinken. Anton geht um den Tisch herum. Sie hebt das Glas.

Sie: „Direktor von Boch."

Anton hebt das Glas.

Er: „Ich muss sagen, das ist ein besonderes Glas aus unserer Fayencerie, Fräulein von Hohenstein. Da schmeckt der Sherry gleich doppelt so gut."

Sie: „Anton, können sie das Glas nachfüllen?"

Er gießt sich nach und setzt wieder zum Trinken an.

Er: „Wie wundervoll, sehr gut, ja, ja. Auf die Schönheit des weißen Goldes."

Beide trinken. Anton geht zum nächsten Sitzplatz. Sie hebt das Glas.

Sie: "Herr Lafontaine."

Er hebt das Glas.

Er: „Ein wunderschönes neues Jahr, Fräulein von Hohenstein!"

Sie: „Ihnen auch, mein lieber Lafontaine."
Beide trinken.

Er: „Schön das wir wieder zusammen sind, meine alte ewig junge Liebe, mon grand amour!"

Sie: „Sie können jetzt den Fisch servieren Anton."

Anton räumt das Geschirr ab und stellt alles auf das Buffet..
Er: „Fisch aus der heimischen Fischzucht. Es war der letzte, den ich kriegen konnte."
Anton serviert den Fisch.
Sie: „Ich denke, wir nehmen saarländischen Weißwein zum Fisch."

Anton geht an das Buffet und nimmt eine Flasche Wein in die Hand.

Er: „Weißwein zum Fisch. Machen wir es genau so wie letztes Jahr Fräulein von Hohenstein?"

Sie: „Ja Anton, wir machen es wie jedes Jahr."

Anton beginnt einzugießen.
Er: „Ja gut, sehr wohl."

Sie hebt das Glas.
Sie: „Herr Ackermann! Auf das Wirtschaftswachstum!"

Anton geht an den Sitzplatz rechts von ihr und hebt das Glas.
Er: „Sehr zum Wohl, Fräulein von Hohenstein. Auf die Währungsunion!"

Beide trinken. Anton geht an den nächsten Sitzplatz.

Sie hebt das Glas.
Sie: „Herr Schildknecht!"

Er hebt das Glas
Er: „Auf die Blume ihrer Reben, meine Tosca."
Beide trinken. Anton ist nun leicht angetrunken und geht schwankend an den nächsten Sitzplatz. Sie hebt das Glas.

Sie: „Direktor von Boch!"

Er hebt das Glas.
Er: „Oh, dass muss ich genießen, Fräulein von Hohenstein. Weißwein aus Perl."
Beide trinken.
Sie: „Anton, bitte schenken sie nach."

Anton gießt sich nach.
Er: „Zum Wohl, meine Hübscheste!"

Beide trinken. Anton geht schwankend an den nächsten Sitzplatz.
Sie hebt das Glas.
Sie: „Herr Lafontaine."

Er hebt das Glas.
Er: „Ein schönes neues Jahr, Fräulein von Hohenstein. Sie sehen heute so jung wie immer aus! So jung wie immer meine Liebste!"

Sie: „Bitte Anton, servieren sie den Fasan."

Er: „Ganz wie sie wünschen."
Anton räumt das Geschirr weg, dabei schwankt er hin und her und lässt fasst einen Teller fallen. Dann serviert den Fasan.

Sie: „Ah, dieser Aufbau, ein wirklich feiner Vogel."

Er: „Das ist ein würdevoller Vogel, ja wirklich, sehr würdevoll für einen Pleitegeier."

Sie: „Anton, ich denke, wir nehmen Crémant zum Fasan."

Er geht ans Buffet und nimmt eine Flasche Crémant in die Hand. Er schwankt von Sitzplatz zu Sitzplatz und gießt allen ein. Er spricht jetzt verwaschen.
Er: „Crémant, sehr wohl. Mmmachen wir es wie letztes Jahr, Fräulein von Hohenstein?"

Sie hebt das Glas.
Sie. „Wir machen es wir jedes Jahr, Anton! Herr Ackermann."

Anton geht schwankend an den Sitzplatz rechts neben ihr und hebt das Glas.
Er: „Fräulein von Hohenstein, meine Teuerste."

Beide trinken. Anton ist nun stark angetrunken, verliert der Gleichgewicht macht einen Bogen zum nächsten Stuhl, dann schwankt er zurück an den nächsten Sitzplatz.

Sie hebt das Glas.
Sie: „Herr Schildknecht!"

Er hebt das Glas.
Er: „Was für eine Perlage! Was für eine Auslage! Ein wuuunderschönes neues Lebensjahr, Fräulein von Hohenstein!"

Beide trinken. Anton schwankt an den nächsten Sitzplatz.

Sie hebt das Glas.
Sie: „Direktor von Boch!"

Er hält sich am Stuhl fest und hebt das Glas.
Er: „Muss ich, Fräulein von Hohenstein?"

Sie: „Anton!"

Er: „Sehr zum Wohl, mein Porzellanpüppchen."

Beide trinken. Anton schwankt an den nächsten Sitzplatz. Sie hebt das Glas.
Sie: „Herr Lafontaine!"

Er hebt das Glas. Die Sprache wird immer unverständlicher.
Er: „Meine Einzige, Schönste aller kleinen Frauen. Hick…die schönste kleinste Frau, die ich je verehrte, du Paradies meiner Träume. Hick. Ich erkläre den Reigen für eröffnet. Möchten sie jetzt gerne Früchte und den Digestiv?"

Sie: „Ja, es wird jetzt Zeit für die Früchte und den Digestiv!"

Er räumt dem Tisch ab, stolpert dabei über den Teppich. Er stellt das Geschirr klappernd auf das Buffet. Dann nimmt er eine Flasche Digestiv und beginnt wieder einzugießen. Dabei nimmt er jedesmal einen Anlauf, um die Gläser zu treffen.

Er: „Gut, machen wir es wie letztes Jahr, Fräulein von Hohenstein."

Sie hebt das Glas.

Sie: „Ja Anton, wir machen es wie jedes Jahr. Herr Ackermann."

Anton schwankt an den Sitzplatz rechts von ihr und hebt das Glas.

Er: „Zucker am Morgen, Zuckerpüppchen, Pfennigstückchen!"

Beide trinken. Anton schwankt an den nächsten Sitzplatz. Sie hebt das Glas.

Sie: „Herr Schildknecht!"

Er hebt das Glas.

Er: „Oh, ich bitte um Entschuldigung. Da ist Musik von Wagner drin, Götterdämmerung Fräulein von Hohenstein."

Beide trinken. Anton macht wieder einen Bogen um den Tisch herum und bleibt am den nächsten Sitzplatz stehen.

Sie hebt das Glas.

Sie: „Direktor von Boch!"

Anton schwankt an den Sitzplatz rechts von ihr und hebt das Glas.

Er.: „Zum Wohl, mein Täubchen!"

Beide trinken. Anton geht an den nächsten Sitzplatz.

Sie hebt das Glas.

Sie: "Herr Lafontaine!"

Er hebt die Vase, entfernt die Blumen und verschüttet das Wasser, dann gießt er das Wasser in die Vase zurück und trinkt.

Er: „Oh, diesen Marschall Ney bring ich um, was für eine Katzenbrühe." *Schüttelt sich.*

Sie: „Anton, es ist wirklich eine sehr schöne Party."

Er: „Ich denke, es ist wieder gelungen. Gehen sie jetzt zu Bett?"

Sie: "Ja Anton."

Er: „Bleiben sie nur sitzen, ich reiche ihnen meine Hand, Fräulein von Hohenstein."

Sie: „Ich tue, was sie sagen."

Er geht hinter ihren Stuhl und schiebt ihn zurück. Sie steht auf. Er reicht ihr die Hand.
Er: „Ja, ja, bei der Gelegenheit: machen wir es wie letztes Jahr, Fräulein von Hohenstein?"

Sie: „Genauso wie jedes Jahr, Anton."
Sie legt ihre Hand um seinen Arm und hängt sich ein.

Er: „Gut, dann will ich mein Bestes geben."

Januarsonne

Saarbrücken, 21.01.99

An dem Tag,
als Frühnebel die Waldwege verschleierte,
als der Himmel im Feuerrot sein Blau verlor,
als die Lichterkette der Straßenbeleuchtung
gegen Scheinwerfer ankämpfte,
als das Wetterteam von Kachelmann
der Sonne einen Platz einräumte,
als der Siebenundsiebzigjährige Liebesdienste erkaufte,
als der Scheidende sich von der Gegenwart verabschiedete,
als Kolleginnen über Wirklichkeit und Anspruch nachdachten,
als die Untersuchung keinen Befund ergab
und die Mittagspause sich selbst einholte,

an diesem Tag in der Bahnhofstraße,
spielte ein Bläserensemble
ununterbrochen Operettenmelodien,
blies ein Straßenmusikant
zur Musikkassette auf seiner Oboe,
ließ ein Puppenspieler Marionetten tanzen,
saß ein Bettler am Kaufhauseingang,
suchte der Hund eines Punks seinen Herrn,
grüßte ein Hinkender freundlich Passanten,

an diesem Tag,
als ich, berührt von der Wärme der Sonne,
am Spätnachmittag durch die Citymeile bummelte,
die mich mit lächelnden Menschen umfing
und ihr leer geräumtes Pflaster den Weg öffnete,

an diesem Januartag schlüpfte ich in den Kokon,
den die Wärme des Gestirns gesponnen hatte,
nicht mir zuliebe, der menschlichen Zerstörung zum Trotz,

177

an diesem Januartag sog ich die milde Luft ein,
durstig von der grauen Kälte der letzten Tage,
betrank ich mich hemmungslos an der aufkeimenden Sicht,
die von weither den nächsten Tag ankündigte.

Aufwärmflug

Licht flieht aus der Dämmerung und die Wolken
dicht gedrängt bewegen sich leicht
nachtgerändert mit ausgedehnten Flügeln
wanken Wintervögel perlengezogen
hoch über meinem Kopf

unter der Last der Kraftfahrzeuge schwankt vor mir
die Gersweiler Brücke verdampft den Kältefrost
auf Laternenköpfen streiten Raben
übertönen im Kampf um den Wärmplatz
das Motorengedröhn

am Saarufer schläft noch Reif und Eis
Stockenten rutschen über Frostflächen
und Hunde rennen der Kälte davon

Winterquartier

Die Saar ist eingefroren die Feder die dem Vogel
vom Frost entrissen im Schmelz geeist
flattert als Fahne für alle die von weit gereist
sich niederlassen für die Rast am Strom

der karge Winter gaukelt Quartiere
darin Silberreiher auf Stelzen Flügel schwingen
die sich im Niederringen der Glätte heftig bauschen

wer kann dem Klang des Federkleides lauschen
wenn Schneekristalle wie von Sinnen
im Fallen eines Sturms zur Erde rauschen

Saarbrücken 12.02.2012

Winterkälte

Sturmmöwen kreischen unverhofft
über der Saar sammeln sich auf Eisschollen
die aus dem Wasser schroff nach oben ragen
den Lauf des Flusses wie an einem Kragen
packen auf dem im offenen Gefeucht
Stockenten treiben als ein winterlich Geleucht

ein Silberreiher wagt es den Hals zu recken
dass der Schnabel aufrecht steht wie die Zeiger
der Uhr die im Becken der klirrenden Wintermontur
verharren um Lachmöwen die Zeit zu ahnen
die eine hohe Sonne zeigt als würde sie
alle zum Mittagsschlaf ermahnen

und schwarze Vögel stehn wie Pinguine
auf dem Schmelz wie auf einer Sonnenbank
als sei der Fluss eine Ruine die der Sommer
der Eiszeit hinterließ die genügt für alle
die sich vergnügt darauf tummeln

und sich freuen wie die Kinder die auf Eisbahnen
balancieren während Eltern in der sibirischen Kälte
im Pelz über die Bismarckbrücke promenieren
auf der Väterchen Frost grimmig ächzt und krächzt
bevor die Staunenden die Heimreisen planen

Saarbrücken 12.02.2012

Kappensitzung

Die Oberbürgermeisterin telefoniert: „Hier ist die Oberbürgermeisterin. Die Weberin soll umgehend in mein Büro kommen."

Frau Weber: „Guten Morgen Frau Oberbürgermeisterin."

Oberbürgermeisterin: „Guten Morgen Weberin. Sagen Sie mal, Sie waren doch gestern bei der Kappensitzung."

Frau Weber: „Kappensitzung? Ich dachte der Stadtrat tagt erst wieder nach Fasching."

Oberbürgermeisterin: „Weberin, Sie sollten die ehrenamtlichen Würdenträger nicht so beleidigen."

Frau Weber: „Ehrenamt? Ist das ein Faschingsscherz? Seit wann braucht man für dieses Amt Ehre?"

Oberbürgermeisterin: „Nicht das Amt braucht die Ehre, die Ehre braucht das Amt."

Frau Weber: „Ach was, und ich dachte, es ginge um die Sitzungsgelder."

Oberbürgermeisterin: „Umsonst ist nur der Tod und der kostet das Leben."

Frau Weber: „So viel Vergeblichkeit drückt eben auf den Stadtsäckel. Doch ist die Stadt erst ruiniert, stärkt sie Kontrollen ungeniert."

Oberbürgermeisterin: „Weberin, die Parkplatzsituation wird ohne Kontrollen auch nicht besser."

Frau Weber: „Wenn Sie das sagen, Frau Oberbürgermeisterin."

Oberbürgermeisterin: „Weberin, waren Sie nun auf der Kappensitzung in der Saarlandhalle? Ich war leider zu unpässlich."

Frau Weber: „So viel Unpässlichkeit bei einer Prunksitzung hat es noch nicht gegeben."

Oberbürgermeisterin: „Wie meinen Sie das."

Frau Weber: „Der Oppositionsführer war auch nicht da."

Oberbürgermeisterin: „Dann war das wohl ein Schuss ins Leere."

Frau Weber: „Eher vor den Bug. Da die führenden Politiker der Landeshauptstadt nicht anwesend waren, hat der Elferrat eine Oberbürgermeisterin und einen Oppositionsführer aus dem Publikum nominiert. Man wollte für die Pfeile eine Zielscheibe haben."

Oberbürgermeisterin: „Diese Faschingsprinzen haben also eine Bühne gebraucht."

Frau Weber: „Da verstehen die keinen Spaß. An Fasching ist niemand zum Scherzen aufgelegt."

Oberbürgermeisterin: „Wäre auch ein Wunder, wenn das Volk seinen natürlichen Aufgaben nachkommen würde."

Frau Weber: „Ganz im Gegenteil. Das Volk hat gewütet wie einst bei Nero, dem Verrückten."

Oberbürgermeisterin: „Wie Kaiser Nero? Der hat Rom in Brand gesetzt."

Frau Weber: „Und der Elferrat die Saarlandhalle."

Oberbürgermeisterin: „Was, es hat gebrannt? Tatsächlich? Mein Gott, die Feuerwehr ist immer noch unterbesetzt."

Frau Weber: „Es brannte an Worten, so dass das Volk mit dem Löschen nicht mehr nachkam. Das hat vielleicht gestunken."

Oberbürgermeisterin: „Wieso gestunken?"
Frau Weber: „Ja trinken Sie mal den ganzen Abend Apfelsaft. Die Verdauung möchte ich sehen, die da nicht angeregt werden würde."

Oberbürgermeisterin: „Weshalb gab es keinen Champagner?"

Frau Weber: „Die Königin der Weine war ausgegangen, genau wie Sie."

Oberbürgermeisterin: „Fasching ohne Champagner? Das gibt es doch gar nicht."

Frau Weber: „Nachdem der Elferrat für Ihren Ersatz gesorgte hatte, ersetzte dieser den Champagner mit Apfelsaft. Der hat sich die Faschingsreden so sehr zu Herzen genommen, dass er nicht weiter Wasser predigen und Wein trinken wollte."

Oberbürgermeisterin: „Das ist ja ungeheuerlich, Kritik ernst zu nehmen und den Leuten das Trinken verbieten! Da haben wir ja gar keinen Umsatz gemacht."

Frau Weber: „Das ist das Schöne daran. Alle nichtalkoholischen Getränke waren teurer als der Alkohol."

Oberbürgermeisterin: „Das Vergnügen lag also auf unserer Seite."

Frau Weber: „Nicht ganz. Das Volk begnügte sich nicht mit Wasser. Die nahmen den Spaß auch todernst, packten den vorsorglich eingeschleusten Vorrat aus und begannen, heimlich zu trinken. Als die Narren von dem vielen Alko-Wasser trunken waren, stürmten diese die Reservebänke..."

Oberbürgermeisterin: „Was?"

Frau Weber: „Sie stürmten die reservierten Bänke und verpassten den Ehrenbürgern eine Wassertaufe. Da stand das ganze Kabinett unter Wasser und sang mit ihrem Volk gemeinsam *mir fahre mem Schiffche*. Die nichtalkoholisierte Oberbürgermeisterin hat man dann mitsamt dem Oppositionsführer zu Grabe getragen. Das war vielleicht eine schöne Beerdigung. So einen würdevollen Abgang hat es an der Saar schon lange nicht mehr gegeben."

Anhang

Quellenverzeichnis

In der Saar tanzen die Schwäne
Erstveröffentlichungen: Saarbrücken, Schwanentanz, Stadt am Fluss, Aber das Licht, Saarbrücker Mittag, Windfall, Die Meistersänger von Saarbrücken, Hochwasser, Lebenswasser, Landgang, Mittagslicht, Vor Eingängen, Umbesetzung, Fastenzeit, Shipping for Future, Alternativen, Klimaschutz, Fieber, Tourismus, Sprachfindung, Zur rechten Zeit, Sodom und Camorra, Fremdsprache, Nachbetrachtung, Stich für Stich, Die verlassenen Fenster, Verwurzelt, Sprachwechsel, Fremdsprache, Stillstand for Future.

„...auf Knospen spielt der Wind wie Klarinetten"
Deutsch-Französischer Garten, Ehrenfriedhof aus: Lichtflut. Reisenotizen. Lyrik und Prosa. Vera Hewener. Edition Calamus. Norderstedt 2001. ISBN 3-8311-1493-5. 2. erw. Auflage 2014. ISBN 987-3831114931.
Gravuren der Zeit aus: Himmelsstürme. Vera Hewener. Gedichte mit Fotografien. edition Wort Verlag Bitburg 2010. ISBN 978-3-936554-00-3.
Vorboten, Frühlingsaufbruch, Frühling in Saarbrücken, Schlossführung, Schlossplatz, Wilhelm Heinrichs Garten, Im Deutsch-Französischen Garten aus: Aus meinem Federkiel. Magische Momente. Natur & Seele. Gedichte. Vera Hewener. Verlag BoD Books on Demand. Norderstedt 2017. ISBN 9783744870511.

„Oh Saravus, Sarre, Saar"
Erstveröffentlichungen: Sanierung, Götterglaube
Kleines Saarstück, Stadt der Brücken, Die Klage des Wassers, Chancengleichheit, Kompromissbereitschaft, aus: In der Saar schwimmen keine Krokodile. Gegenwartslyrik & Texte. Vera

Hewener. Verlag BoD Books on Demand. Norderstedt 2015.
ISBN 9783738635676
Kleinvieh macht auch Mist, Sportsfreunde, Katzensprung,
Der breite Fluss, Mutterrechte aus: In der Saar feiern die
Fische. Gegenwartslyrik & Szenen. Vera Hewener. Verlag
BoD Books on Demand. Norderstedt 2019. ISBN
9783732237142

„.... da im Zenit hochsteht die Sonne"
Berliner Promenade, Citymeile, Mittagsdissonanz, Bürger-
park nachmittags, Burbach, Im Schatten der Basilika aus:
Lichtflut. Reisenotizen. Lyrik und Prosa. Vera Hewener. Edi-
tion Calamus. Norderstedt 2001. ISBN 3-8311-1493-5. 2. erw.
Auflage 2014. ISBN 987-3831114931.
Schlossgarten, Orangerie, Schlossbrunnen, Schlossgeschich-
ten, Saarbrücker Schloss, Nanteser Platz aus: Das Jahr: Dich-
tung in vier Sätzen. Vera Hewener. Gedichte mit Fotografien.
BoD Books on Demand Norderstedt 2013. ISBN 978-3-7322-
3168-3.
Sommerschloss aus: Zaubervolle Jahreszeiten. Der Sommer.
Vera Hewener. Verlag BoD Books on Demand. Norderstedt
2017. ISBN 9783744870993.
Blue Notes aus: Aus meinem Federkiel. Magische Momente.
Natur & Seele. Gedichte. Vera Hewener. Verlag BoD Books
on Demand. Norderstedt 2017. ISBN 9783744870511.

„Ich möchte diesen Tag ohne Irrungen beginnen"
Nachsehen, Aufbruch, Unaufhaltsam, Zeitsprung aus: Licht-
flut. Reisenotizen. Lyrik und Prosa. Vera Hewener. Edition
Calamus. Norderstedt 2001. ISBN 3-8311-1493-5. 2. erw.
Auflage 2014. ISBN 987-3831114931.
Ich möchte diesen Tag ohne Irrungen aus: Eine Neigung aus
Blau. Gegenwartslyrik. Vera Hewener. Norderstedt 2002.
ISBN 3.8311-3334-4. 2. Auflage 2014. ISBN 9783831133345
laut über laut, Draußen, Lampen bewohnen die Häuser, Lan-
ges Stehen, Punkt für Punkt, Sternwanderung, Eines Nachts
aus: Werkausgabe Band I. Frühe Gedichte 1970-1999. Verlag
BOD Books on Demand. Norderstedt 2018. ISBN-13:
9783746025292

„Der Sturmwind bläst auf kalten Harfen"
Erstveröffentlichungen: Blätterleuchten, Stilles Vergessen,
Zwischen Schlaf und Traum
Urwald, Schadensfall, Spätherbst im Saarbrücker Forst aus:
Aus meinem Federkiel. Magische Momente. Natur & Seele.
Gedichte. Vera Hewener. Verlag BoD Books on Demand.
Norderstedt 2017. ISBN 9783744870511.
Herbstfieber, Königswetter, Nach dem Sturm, Nebelung, Der
fliegende Holländer, Die Fledermaus aus: In der Saar feiern
die Fische. Gegenwartslyrik & Szenen. Vera Hewener. Verlag
BoD Books on Demand. Norderstedt 2019. ISBN
9783732237142
Steinstraßenzeit aus: Lichtflut. Reisenotizen. Lyrik und Prosa.
Vera Hewener. Edition Calamus. Norderstedt 2001. ISBN 3-
8311-1493-5. 2. erw. Auflage 2014. ISBN 987-3831114931.

„...sie tragen die Knochen zu Grabe"
Unsichtbares Mahnmal, KZ Neue Bremm, Alter jüdischer
Friedhof in Saarbrücken, Stumme Schreie, Spurensuche, Jakob
und Levit, Denkwürdig, Das Fotoalbum aus: Vermisstenan-
zeige. Gewidmet den ermordeten Juden des Naziregimes.
Lyrik und Prosa. Vera Hewener. Libri BoD. Norderstedt
2000. ISBN 3-8311-0748-3. 2. erw. Auflage 2014. ISBN 978-
3831107483.

„.Und käm das Kindlein heut zur Welt"
Erstveröffentlichung: Schneefall
Januarsonne aus: Lichtflut. Reisenotizen. Lyrik und Prosa.
Vera Hewener. Edition Calamus. Norderstedt 2001. ISBN 3-
8311-1493-5. 2. erw. Auflage 2014. ISBN 987-3831114931.
Winterquartiere, Winterkälte, Aufwärmflug aus: Das Jahr:
Dichtung in vier Sätzen. Vera Hewener. Gedichte mit Foto-
grafien. BoD Books on Demand Norderstedt 2013. ISBN 978-
3-7322-3168-3.
Das Weihnachtskonzert, Die Nikolausverschwörung, Das
reumütige Rentier oder das Wunder von Saarbrücken, Seife in
Aspik, Und käm das Kindlein heut zur Welt aus: Kerzen,
Wunder, Himmels-Zunder. Vera Hewener. Lustige und be-
sinnliche Geschichten und Gedichte zur Advents- und Weih-

nachtszeit. Verlag BOD Books on Demand. Norderstedt 2017. ISBN 9783744893824. 2. erweiterte Ausgabe 2018.

Silvestergeburtstag oder Anton und das Fräulein von Hohenstein aus: Christnacht, Glocken, Engelslocken. Gedichte und Geschichten zur Weihnacht. Vera Hewener. Verlag BoD Books on Demand. Norderstedt 2018. ISBN 9783748107637. 2. Ausgabe 2019. ISBN 9783741251641

Wintermorgen am Staden, Kappensitzung aus: In der Saar feiern die Fische. Gegenwartslyrik & Szenen. Vera Hewener. Verlag BoD Books on Demand. Norderstedt 2019. ISBN 9783732237142

Die Adventsfeier, Saarbrücker Christkindlmarkt, Glöckchen und Kerzen aus: Tannen, Lobgesang, Weihnachtsklang. Gedichte, Geschichten, Liedtexte und Bühnenstücke zur Advents- und Weihnachtszeit. Vera Hewener. Verlag BoD Books on Demand. Norderstedt 2019. Zweite Ausgabe 2020. ISBN 9783750400030

Über Vera Hewener

Vera Hewener, geboren 1955 in Saarwellingen, wuchs in einer neunköpfigen Beamtenfamilie auf. Um sich das Geld für Schule und Studium zu verdienen trat sie von 1968-1972 als Sängerin in den Bandformationen ihres Vaters auf, von 1972-1977 Frontsängerin der "Diamonds", von 1982-1985 Sängerin im Konzertchor und Extrachor des Saarländischen (Carmen, Der Troubadour, Der Freischütz) traf dort bei der Inszenierung der Oper Carmen auf Schauspieldirektor Lothar Trautmann, dem sie ihre die Gedichtsammlung "Novembrisches Bittersüß" zeigte. Lothar Trautmann veröffentlichte einige davon 1986 in der Theaterzeitung des Saarländischen Staatstheaters. Gerhard Stebner, VS Saar, lud sie zur 6. Saarbrücker Literaturwerkstatt des Saarländischen Schriftstellerverbandes ein. Es folgten zahlreiche Veröffentlichungen in Anthologien und Zeitschriften für Kunst, Kultur und Literatur im deutschsprachigen In- und Ausland. Gleich für das erste Buch „Vermisstenanzeige" erhielt sie im April 2001 den *Superpremio Cultura Lombarda* des Centro Europeo di Cultura in Rom. Texte aus diesem Buch wurden zuvor mit dem *Segnalazione di Merito für den besten ausländischen Beitrag* der Associazione Culturale Avvenire D'Abruzzo in Luco dei Marsi (AQ) im Juni 2000 ausgezeichnet. Insgesamt 23 Auszeichnungen und Preise bei internationalen/nationalen Literaturwettbewerben.

Vera Hewener studierte von 1972-1974 Betriebswirtschaft an der Fachhochschule des Saarlandes, von 1975-1978 Sozialarbeit und Sozialpädagogik an der Katholischen Fachhochschule für soziale Arbeit Saarbrücken. Examen als Dipl.-Sozialarbeiterin 1978. Berufstätigkeit von 1978-1991 im Staatlichen Gesundheitsamt Saarlouis, von 1991-2012 im Gesundheitsamt Regionalverband Saarbrücken, von 2012-2019 Volkshochschule Regionalverband Saarbrücken. Diverse Fachveröffentlichungen seit 1987 u.a. in "IN-FORM". Rundschau der Arbeitsgemeinschaft für gesundheitliche Aufklärung Saarlouis (AgemA). Hrsg. Staatliches Gesundheitsamt Saarlouis; Drehbuch für Videodokumentation „Mach ‚nen Bogen um die Drogen, Ringfilm-Produktion Saarbrücken

1987; in „Aus Politik und Zeitgeschichte", Ausgabe B 21-32/2004, Hrsg. Bundeszentrale für politische Bildung; in „ZEITpresse", Ausgabe Frühjahr 2004 und Frühling 2005. Verein zur Verzögerung der Zeit, Hrsg. Fakultät für Interdisziplinäre Forschung und Fortbildung (IFF) der Alpen-Adria-Universität Klagenfurt (A)

Auszeichnungen und Literaturpreise u.a.

vom Centro Europeo di Cultura in Rom/I, "Selezione Internazionale" 1998, 2. Preis 1999, "Selezione Europea" 2000, Superpremio "Cultura Lombarda" für das Buch Vermisstenanzeige 2001 Superpremio Mondo Culturale" 2002;
von der Associazione Culturale "Avvenire D'Abruzzo in Luco dei Marsi/I, "Segnalazione di Merito" 2000 Premi Speciali di "Segnalazione di Merito: Miglior concorrente straniero" 2001, „Segnalazione di Merito" für das Buch „Lichtflut" 2001, 4. Preis, 2002;
vom Centre Européen pour la Promotion des Art et des Lettres Thionville (CEPAL) u.a. 3. Preis Deutsche Sprache 2003, 1. Preis Deutsche Sprache und „Trophée Novalis" für Werk/Buch für „Bist Himmel mir und tausend Feuerfunken", „Grand Prix Européen de Poésie", Kategorie Allemand und Médaille de Bronze du Mérite Culturel, 2005 " Trophäe Goethe", Kategorie Recueil/Buch für "Verwirbelungen der Zeit" und Médaille d'Argent du Mérite 2007, Prix Goethe Kategorie „Allemand" 2013, Trophäe Mörike 2015, Prix Wilhelm Busch Kategorie „Allemand" 2017.

Bücher von Vera Hewener

Vermisstenanzeige. Gewidmet den ermordeten Juden des Naziregimes. Lyrik und Prosa. Vera Hewener. Libri BoD. Norderstedt 2000. ISBN 3-8311-0748-3. 2. erw. Auflage 2014. ISBN 978-3831107483.

Lichtflut. Reisenotizen. Lyrik und Prosa. Vera Hewener. Edition Calamus. Norderstedt 2001. ISBN 3-8311-1493-5. 2. erw. Auflage 2014. ISBN 987-3831114931.

Eine Neigung aus Blau. Gegenwartslyrik. Vera Hewener. Norderstedt 2002. ISBN 3.8311-3334-4. 2. Auflage 2014. ISBN 9783831133345

Bist Himmel mir und tausend Feuerfunken. Gedichte. Vera Hewener. Mauer Verlag. Rottenburg a/N. 2003. ISBN 3-937008-46-2.

Verwirbelungen der Zeit. Vera Hewener. Lyrik mit Bildern von Carolin Isele. WiKu Éditions Paris E.U.R.L. Paris und WiKu Verlag KG Berlin 2005. ISBN 3-86553-203-9.

Es kommen andere Ewigkeiten. Gedichte. Vera Hewener. WiKu Édition Paris ISBN 2-84976-0188 WiKu Verlag 2007. ISBN 978-3-86553-189-6.

Himmelsstürme. Vera Hewener. Gedichte mit Fotografien. edition Wort Verlag Bitburg 2010. ISBN 978-3-936554-00-3.

Das Jahr: Dichtung in vier Sätzen. Vera Hewener. Gedichte mit Fotografien. BoD Books on Demand Norderstedt 2013. ISBN 978-3-7322-3168-3.

Zaubervolle Winterwelt. Gedichte, Geschichten, Notizen. Vera Hewener. Verlag BoD Books on Demand. Norderstedt 2014. ISBN 9783735761262.

Frühlingsserenade. Die schönsten Gedichte, Geschichten und Notizen zur Frühlingszeit. Vera Hewener. Verlag BoD Books on Demand. Norderstedt 2015. ISBN 978-37347-3140-2.

Die Blüte des Sommers. Sommeranthologie. Die schönsten Gedichte, Geschichten und Kalendernotizen. Vera Hewener. Verlag BoD Books on Demand. Norderstedt 2015. ISBN 978-3-7347-89540.

In der Saar schwimmen keine Krokodile. Gegenwartslyrik & Texte. Vera Hewener. Verlag BoD Books on Demand. Norderstedt 2015. ISBN 9783738635676

Von Lorraine nach Aquitaine. Reisenotizen in Lyrik und Prosa. Vera Hewener. Verlag BoD Books on Demand. Norderstedt 2016. ISBN 9783741210860.

Du trocknest meine Tränen wieder. Religiöse Lyrik & Texte. Vera Hewener. Verlag BoD Books on Demand. Norderstedt 2016. ISBN 9783743113589.

Zaubervolle Jahreszeiten. Der Frühling. Vera Hewener. Verlag BoD Books on Demand. Norderstedt 2017. ISBN 9783743125117.

Aus meinem Federkiel. Magische Momente. Natur & Seele. Gedichte. Vera Hewener. Verlag BoD Books on Demand. Norderstedt 2017. ISBN 9783744870511.

Zaubervolle Jahreszeiten. Der Sommer. Vera Hewener. Verlag BoD Books on Demand. Norderstedt 2017. ISBN 9783744870993.

„Kerzen, Wunder, Himmels-Zunder". Vera Hewener. Lustige und besinnliche Geschichten und Gedichte zur Advents- und Weihnachtszeit. Verlag BOD Books on Demand. Norderstedt 2017. ISBN 9783744893824. 2. Ausgabe 2019. ISBN 9783738629682.

Die Jahreszeiten: Auslese. Gedichte. Vera Hewener. Verlag BOD Books on Demand. Norderstedt 2018. ISBN 9783738636017

Werkausgabe Band I. Frühe Gedichte 1970-1999. Gedichtsammlungen Windblumen, Novembrisches Bittersüß, So leicht stirbt der Regen. Verlag BOD Books on Demand. Norderstedt 2018. ISBN 9783746025292

Kinder, Hund, Familienbund. Lustiges, Tierisches und Allzumenschliches in Lyrik und Prosa. Vera Hewener. Verlag BOD Books on Demand. Norderstedt 2018. ISBN 9783746056821

Zaubervolle Jahreszeiten. Der Herbst. Vera Hewener. Verlag BoD Books on Demand. Norderstedt 2018. ISBN 9783752842135

Christnacht, Glocken, Engelslocken. Gedichte und Geschichten zur Weihnacht. Vera Hewener. Verlag BoD Books on Demand. Norderstedt 2018. ISBN 9783748107637. 2. Ausgabe 2019. ISBN 9783741251641

In der Saar feiern die Fische. Gegenwartslyrik & Szenen. Vera Hewener. Verlag BoD Books on Demand. Norderstedt 2019. ISBN 9783732237142

Von Brandasund bis Nasholim. Reisegedichte, lyrische Ausflüge, Geschichten und Notizen. Vera Hewener. Verlag BoD Books on Demand. Norderstedt 2019. ISBN 9783732235841.

Tannen, Lobgesang, Weihnachtsklang. Gedichte, Geschichten, Liedtexte und Bühnenstücke zur Advents- und Weihnachtszeit. Vera Hewener. Verlag BoD Books on Demand. Norderstedt 2019. 2. Ausgabe 2020. ISBN 9783750400030